AF423828

Catalogación en la publicación – Biblioteca Nacional de Colombia

Estupiñán, Hernán, 1962-
      No pregunten por Katina / Hernán Estupiñán ; ilustrado por Federico Neira. -- Bogotá : Editorial Magisterio, 2015.
      p. : il. – (Colección Oso de Anteojos)

      Incluye datos biográficos del autor al final del texto.
      ISBN 978-958-20-1159-8

      1. Novela colombiana - Siglo XX I. Neira, Federico, il.
II. Título III. Serie

CDD: Co863.5 ed. 23   CO-BoBN– a956800

NO PREGUNTEN POR KATINA

HERNÁN ESTUPIÑÁN

ILUSTRADO POR: FEDERICO NEIRA

Colección Oso de Anteojos

No pregunten por Katina

©   Hernán Estupiñán

©   Cooperativa Editorial Magisterio
Diagonal 36bis no 20-70
PBX: 0571-3383605
Bogotá, D.C. Colombia
www.magisterio.com.co

ISBN: 978-958-20-1159-8

Diseño e ilustración: Federico Neira

*De cierto os digo, que si no os volvéis como
niños, no entraréis en el reino de los cielos.
Así que, cualquiera que se humille como este
niño, ese es el mayor en el reino de los cielos.
Y cualquiera que reciba en mi nombre a un niño,
a mí me recibe.*

(Mateo 18. 5-6)

Día dieciséis

Escribo desde el borde de una azotea, por si decido suicidarme.

Han pasado diez años. Estoy sentada en la silla de un viejo pupitre. He comenzado la página correspondiente al día dieciséis, que sellará todas las páginas y ninguna. Seré breve, en todo caso.

He puesto una rosa en mi boca, entre mis dientes, para tener la hiel bien amarga. Es mejor así cuando uno camina hacia el abismo a tan temprana edad. Yo estoy por los veinte. Mi abuela vivió setenta. No explicaré los motivos de mi insensatez porque, de hecho, son inexplicables. Ni yo misma podría comprenderlos con exactitud, pero es algo así como un ligero cosquilleo, un hormigueo en el cuerpo y en el alma, que arrastran a algún lugar. No sé si tenga el valor de hacerlo, ni estoy amenazando, porque igualmente me parece una tontería intimidarme a mí misma o chantajear a alguien, como a Walkir, el chico de mis sueños, con mi propia muerte. No, ni siquiera a él que, dentro de una hora, estará esperándome allá abajo, a la orilla del Duero, en las cavas. Hoy es el día cuando debemos entrar al depósito de la Casa Graham's, para escondernos entre las hileras de vino tinto, después de ver cómo nos besábamos apasionadamente en los fondos de las botellas del fruto generoso, reservado para dar vigor al nuevo, como en un espejo partido en mil retazos, todos redondos, habernos repujado en los asientos de los toneles, entonces ir a parar al pozo de la uvas molidas con los pies de los viejos portugueses. Es nuestra rutina, sagrada, cada quince días.

Por supuesto, la rosa que tengo en mi boca está llena de espinas. Las iré esquivando con mis dientes, a medida que transcurra lo que estoy narrando, pero, al final, es probable que pose mis labios sobre las agujas cuando el tallo se haya consumido y solo quede la flor con sus pétalos libres. En ese momento morderé las espinas.

Estoy ansiosa por revisar las quince frases que antecedieron todas estas palabras, frases cortas que escribí cuando apenas tenía nueve años y que, sin embargo, es fantástico, cuentan la historia de mi desarraigo. Eran contundentes, parecidas a las fibras de una cabuya que se toma y se taja de una sola cuchillada. Con la cuerda entre los dedos, sin saber si conseguiré cortarme las venas, trataré de desenredar mi historia.

Así, terminantes –tal vez deba decir "cortantes"– eran mis frases, frases de niña.

LA NOCHE AZUL

Primer día

Me han traído desde la noche azul en Calamar, mi pueblecito natal, en el oriente de un país de América del Sur, donde el cielo se ilumina repentinamente y borra las estrellas, igual que lo hace un relámpago cuando anuncia una tempestad.

Las pocas estrellas que había allá en el cielo –y que yo estaba contando– desaparecieron de una sola vez, como si nunca hubiera habido estrellas, como si el cielo hubiera sido siempre llano. Por esos días, la radio –que siempre me ha parecido un instrumento poético– hablaba de una tormenta de asteroides. Yo me preguntaba qué cosa son los asteroides. También hablaban de odios, de extremas, de derecha y de izquierda, y yo me preguntaba qué cosa era el odio, a quién sería yo capaz de odiar con un rencor más profundo que a mi propia suerte, de no ser una niña de ciudad, yo, una humilde niña del campo que no conoce los autos lujosos ni los trenes eléctricos, y los aviones más que de lejos.

Es octubre. De la nada han aparecido unas diminutas luces rojas, que violan toda la tranquilidad azul celeste, han cortado el cielo acentuando lo poco que pudiera tener de negrura esta noche, como bengalas en una fiesta de Navidad. Hace frío. Las luces se pierden ante mi vista en el horizonte, que puedo divisar desde el solar de mi casa. Mi padre ronca. Mi madre teje laboriosamente unas carpetillas que le encargaron los vecinos para los festejos de diciembre, cuando llegue el Niño Dios. Mi abuela, como de costumbre, lee. Son los vestigios de sus viejas andanzas de maestra de escuela. Lee como leen las abuelas: con los lentes escurridos sobre la punta de su nariz aguileña, los inmensos ojos grises cruzan el orillo de la montura de sus antiparras para penetrar en aquel mundo de letras y palabras y frases y hojas, historias, el cabello cano, perfectamente recogido en una moña, que le otorga una cándida señal de respeto. Balancea la cabeza, que se resiste a caer al precipicio del sueño. Son las seis de la tarde pero, en estos rincones del oriente de Colombia, las seis de la tarde son las seis de la noche algunos días. Cuando el sol se oculta más temprano y anochece sin aviso, se escurre la noche como un mantel al caer sobre la superficie de una mesa de cristal y la cubre toda, dejando expuestos solo los rombos, las flores, las mariposas, las figuras dibujadas por manos de hombres, solo las estrellas que no parecen hechas, apenas puestas, ahí, justo ahí, por la mano de Dios.

He decidido jugar a los colores. A los niños nos gusta inventar juegos de la nada. Nos gusta jugar a contar los automóviles que pasan por la autopista, cerca o lejos de nuestra casa, y entramos en el conteo solo cuando marcan, con el destello de sus faros, la curva, con ese manojo de abandono, como si no les interesara haber pasado por allí, abandonar cualquier otro rumbo, cualquier otro trazo de la carretera, toda la autopista, hasta llegar a la ciudad: espectáculo de fiesta que yo siempre he codiciado. El juego de las luces consiste, pues, en observar el cambio de color, de azul a rojo y de rojo a amarillo. Quiero decir, la noche azul se torna tempranamente roja, por tramos, como la estela de unos fuegos artificiales. Y la noche roja, cuando ya es intensa, se desvanece en lo alto, en la mitad del trayecto se pierde y al instante se refunde entre ese manto amarillo y brillante que aterriza y todo lo ilumina.

Mi madre tuerce los ojos hacia arriba, hacia las cejas, en busca de la cuenca oculta de su mirada y algún pensamiento refundido que le diera la razón para poder hablar y justificar aquella tempestad de luces.

Comienzo a contar en voz alta, pero, casi de manera imperceptible, quiero decir, apenas para mí, hablando sola como hablan los niños, los colores de las luces, ya no las de los automóviles sino las de la noche: noche azul, roja, amarilla, y… "pura". Decidí llamar "pura" a la última estampida de color que siempre aparece tras la caída de las saetas rojas. Roja, amarilla, "pura", otra vez azul, azul noche. Noche azul. Y la noche azul se prolonga, a veces, más de lo que yo deseo, pero vuelve a aparecer roja sobre el firmamento.

Mi padre ronca en la hamaca del corredor de la casa, mientras otros destellos, estos sí continuos, se dibujan en el zaguán. Provienen del viejo televisor cuya pantalla ya no era nada ante los ojos cerrados y el sueño profundo de mi padre. Las personas que actúan en la televisión parecen hablar a solas mientras nadie las observa. Yo sigo contando luces, absolutamente fascinada con los destellos que vienen del cielo, como en una noche de lluvia, como en una noche de estrellas, sin estrellas, a tal punto que mi cuello no siente cansancio, pese a que soy un ganso en celo con la cabeza levantada, atenta a la aparición del rojo. Otra vez roja, la noche roja…, amarilla… "pura". "Pura" hasta romper mi noche azulada.

Noche azul, roja, amarilla. Otra vez pura. Intensa e insoportablemente clara. La abuela se sobresalta cuando aparece la claridad, que para mí es pureza, en la puerta de la sala que conduce al corredor donde está mi padre. Ella intenta concentrarse en su lectura, ante la luz ahora tenue, de repente titilante: la mecha de un reverbero de alcohol al fondo del corredor, que se resiste a morir ante la brisa. Pero la abuela vuelve a claudicar y entrega sus inmensos ojos grises de nuevo al sueño por encima de sus anteojos.

Las luces han ido aproximándose, como buscándome, como si quisieran algo de mí. Diría que han entrado a las casas vecinas para preguntar: ¿Katina está?, ¿está Katina?, ¿la niña está? Solo aguardan mi respuesta que, al instante, es de duda. Yo sigo contando luces, pero con algo de miedo, porque ya me han hablado y sé que me están buscando. No voy a negarlo ahora. Es un miedo delicioso, casi pervertido. Me gusta sentirlo, porque ahí habita el desafío. Y a mí me encantan los desafíos.

Amarilla, intensamente amarilla, la noche... "¿pura?". Irresistible. La luminosidad invade el patio de las casas vecinas, salta como un globo blanco sobre la mesa amplia y roja y pura y poco celeste de la noche, o aun como una pelota incandescente sobre el piso de un inmenso salón oscuro, me persigue, con la promesa de que en el próximo salto me alcanzará. Yo quiero y no quiero que venga a franquear el patio de mi casa. Me entusiasma verla saltar tan cerca y adivinar que, tal vez, en la siguiente caída me tocará, pero me estremece pensar que de pronto pudiera desplomarse sobre mi cabeza.

Me he desmayado.

Solo recuerdo haber visto desde mi escondite –porque corrí a esconderme debajo de una butaca donde justamente cabe mi cuerpo de niña en cuclillas– un destello, uno solo, profundamente blanco, puro, que iluminó, además del solar de nuestra casa, toda la noche y ahuyentó la oscuridad, íntegra la negrura arrebatada por ese diabólico ángel de alas blancas, blanquísimas, al que yo no he visto partir todavía.

Roja, intensamente roja, amarilla, blanca. ¡Sí, pura! Ahí viene de nuevo la noche brillante. Y cada vez se hace menos posible contar los colores, porque estos se suceden más rápido: muy roja, intensamente amarilla. Quema. Pálida como un rayo, "pura", luminosamente blanca, como si quisiera irse. Yo diría que arde. No vislumbro el rojo. ¿Qué sucede? Ahora sí, roja, no tan roja, ocre, blanca blanca, "pura" y penetrante. Yo, humilde niña juguetona, sigo a la noche, sonriente.

De repente vuelve a ser azul. No lo puedo creer: muy azul, azul celeste, otra vez. Y quedo a la espera, con los ojos puestos en el firmamento. Siento que detrás de mí ronca mi padre, mi madre teje, mi abuela lee un instante más con la intermitencia de sus ojos grises. Y yo, con la cabeza elevada al cielo, como soñando despierta, espero que mi noche azul se transforme.

Los automóviles a la orilla del Duero no parecen máquinas, sino ataúdes flotantes. Yo podría ir en uno de ellos, si quisiera. Bastaría la firmeza de mis dos pies y mis dos manos para doblegar la silla en la que estoy sentada y obligarla a desbordar la superficie de la azotea. Estoy resuelta porque no quiero pasar por cobarde a mis diecinueve años. Un paso más y lo habré logrado. Abajo hay un desfile de hormigas laboriosas que solo buscan sobrevivir. Es su instinto. Ahora mismo no saben adónde se dirigen con sus cargas. Sus cargas son seres humanos: hombres, mujeres, ancianos y niños, lo de siempre. Ah, y uno que otro perro que osará acompañarlos sin comprender la premura. La luz del semáforo ha cambiado de rojo a verde y yo prefiero aguardar otro instante, porque no está decidido que mi verdugo sea un hombre. Quiero morirme, sin que nadie me ayude. ¿Saben? No necesito ayuda.

ME HAN TRAÍDO
A LA CIUDAD

Día dos

He caído sobre la superficie de una azotea más amplia que esta desde donde escribo. Se trata de un acto que ellos llaman aterrizar, aunque yo todavía me siento en el aire. A mí, me bajaron en brazos; a la abuela, en una silla de ruedas, amarrada con un lazo. Lo recuerdo.

Esas hélices no han dejado de girar. Todos tienen afán. Desde el solar del edificio puedo contemplar la ciudad por algunos segundos. El aire fino de las seis de la tarde despeja mi cara, sopla fuerte sobre mis ojos, y ha enviado mi cabello hacia atrás, como si me hubiera hecho trenzas. El mismo viento sostiene mi pelo hasta cuando me hundo en la camilla, que son los brazos de aquel hombre que apareció en el instante en que arribamos al borde de una escalera de pocos escalones que conduce al último piso. Tuve tiempo para contar las gradas. Ya dije que desde muy niña tengo el hábito de hacer conteos progresivos y regresivos, así sean inútiles, y este sigue siendo mi juego predilecto: uno, dos, tres, cuatro…, ocho peldaños tenía la escalera. Estamos dentro de un ascensor. Es una burbuja de cristal y lata en donde todo se achica y se agranda al mismo tiempo por efecto de los espejos, como en aquellos actos de adivinación a los que me obligaba mi padre cuando era más niña: la pequeña "niña prodigio" que recorría los pueblecitos de la comarca del oriente, con la gente siempre en actitud de descubrir secretos, misterios o encantos, quién en realidad va dentro de la caja forrada de pedazos de vidrio. Mi padre ponía el cofre encima de una butaca alta en la mitad de la plaza, la única y llamativa plaza Mayor que tienen todos los pueblos del oriente de Colombia. Era una cabeza de niña, mi cabeza, que asomaba por un orificio como una pequeña fiera amaestrada y, entonces, el público jugaba a descifrar dónde estaba el resto de mi cuerpo y particularmente mis piernas. No, sí es un adivinador de verdades. Es un ilusionista, un timador, adivino de pacotilla, asunto de brujos, cosa de locos, un regalo de Dios –¿o del diablo?–. Todo esto murmuraban los transeúntes. Más aun, cuando mi padre decía: ¡Concéntrate, oh niña prodigio! ¿Qué pena aflige, aquí, al caballero? Y lo señalaba con sus cuatro dedos de la mano derecha. Y "niña prodigio" quería decir "amor", "problemas de amor". Yo decía, entonces, "Problemas de amor, gran señor" y todos abrían la boca cuando el señalado respondía que sí, y yo era en consecuencia el geniecillo cuyo dueño era mi propio padre, quien pedía un nuevo deseo. "Niña prodigio, interrogaba otra vez él, ¿acaso sufre el caballero por una mujer joven, una dulce dama?". Y "acaso" quería decir "no". "Dulce dama" quería decir "esposa", "esposa que engaña". Y sobre el engaño sabía todo el pueblo menos el ofendido. Entonces, la gente reía pero, al canto de mis palabras renovadas, el pueblo callaba porque ante las órdenes de mi padre: "Concéntrate, oh pequeño genio", yo respondía que la traidora no era ella, la esposa (dulce y tierna dama), sino un amigo del ofendido pues, para mí, sin duda, "Oh, pequeño genio", por segunda vez invocada, en asuntos de amor, quería decir "amigo". Enseguida el público se miraba y todos ponían la cara dura pero, cuando volvían a escuchar la voz del mago, mi padre, algunos partían con disimulo y se privaban del resto del espectáculo, con una inmensa telaraña hecha de dudas en sus cabezas. Al final, el pacto consistía en aprovechar el desconcierto para que, en ausencia de los menos crédulos (que, a la vez, eran los que más culpa se llevaban), los incautos, incluido el afectado, quedaran plenamente convencidos de que la niña prodigio había acertado en todo acerca del infeliz, sin que el mago le hubiera soplado nada, y luego que yo hubiera tomado con la boca una papeleta de las muchas que había en una bandeja que contenía fórmulas mágicas, a la manera de los loros adivinos, el recetado (como le decía mi padre a su próxima víctima) debía leerla, solo para sí, mentalmente; y entonces, le picaba la curiosidad a alguien para adivinarle la suerte. Y así ocurría. Siempre. Cada vez sin falta, y con la clave de nuestras palabras.

Solo el goteo delator de mi orina ponía fin a aquel grotesco espectáculo de adivinación y embuste, y tiranía, después de cinco horas de haber permanecido dentro de la caja mágica, sin ir al baño, sin probar bocado, apenas con algunos sorbos de agua que mi padre ungía en mis labios cuando notaba mi boca reseca. La incontinencia desvelada a los pies de la butaca atravesaba lentamente las ranuras del piso de baldosa de la plaza pública y el hilillo alcanzaba cualquiera de las esquinas. Yo disfrutaba viendo el flaco recorrido de mis gracias en un cantón de la plaza. Son los sudores del genio, decía mi padre, que quizá sudaba más que yo porque también su vejiga y su temperamento estaban a punto de reventar. Lo desfogaba todo sobre mí cuando llegábamos al albergue del pueblo, a las seis de la tarde. Las seis de la tarde eran para mí, nuevamente, el comienzo de una noche de aflicción con sueños, viejas deudas de rencor y de ilusión conmigo misma, porque mis piernas, que ya habían despertado del letargo de toda una tarde dentro del cubo mágico, volvían a dormirse entre el hormigueo de los moretones que dejaba el castigo de mi padre.

Ahora recuerdo que este fue el primer gran suspiro que exhalé en memoria de mi padre, desde que llegué a la ciudad, cuando vuelvo a ver mi rostro reflejado en los espejos del ascensor, donde hay muchas caras, y la cara de Valentina, mi muñeca, que llegó sin un brazo. Por Dios, Valentina sin un brazo y con los cachetes sucios. Quiero estar en este instante con mi madre, como ansía cualquier niña en un día de lluvia. Miro a Valentina y sé que ella desea que la abrace fuerte porque tiene frío. No llores, Valentina. Lloré yo, inconsolable, irremediablemente en silencio. Pero tú no llores, princesa, que aquí está mamá para protegerte. Valentina me sonrió. Sé que encontró alivio en su corazón, como lo quería encontrar yo en el mío.

He corrido hacia adelante la silla donde estoy sentada. Fijo la vista en las aguas del Duero. Mis ojos están sumergidos, como los de un buey en la laguna cuando va a beber: se ven grandes y oscuros, vidriosos. Las ondas que pasan los zambullen a su antojo. El agua juega con mis ojos, como si los estuviera preparando para tragárselos; los veo gorgotear. Son los ojos de un cordero en una olla hirviendo: están vivos, abiertos, pero indefensos; una cabeza flota levemente sumergida en el agua. Me estoy ahogando, y nadie hace nada en este tramo del río solitario. Conozco el nacimiento del Duero y su bravura. Por eso, sé que terminará consumiéndome. No quiero morir ahogada. Me parece una muerte lenta y angustiosa; además, el agua del Duero se torna turbia y mis vísceras se llenan de lodo, se tapan, se obstruyen. ¡Por Dios! Mi sangre es arenosa, mi estómago se ha puesto duro y estoy a punto de reventar, tengo un fuerte dolor de cabeza y ganas de vomitar. Me atrevo a abrir los ojos: el Duero está allá abajo, borrascoso, pero lejos de mí. Yo estoy más cerca del borde de la azotea que del río. Aún no he muerto, pero me siento terriblemente mareada mientras escribo.

CON UNA MANTA EN LA CABEZA DESCUBRO UNA TORRE DE COLORES

Día tres

–¡Alisten el trapo! –ordena el hombre que me carga en brazos.

–Está listo, mi capitán –responde otro que apareció al cerrarse la puerta del ascensor, detrás de nosotros. Me ponen la tela sobre la cabeza, como en los retratos de los niños pastores de Fátima y, al salir a un patio amplio donde hay muchos carros aguardando, me cubren la cara como en el juego de la gallina ciega pero sin vendarme los ojos. Mis ojos quedan libres por debajo del trapo. De inmediato viene a mi mente la idea de hacerles trampa mirando a través de la claridad que me ofrece la tela blanca. Se lo confieso a Valentina con la mirada y el dedo índice en la boca, para no delatarnos. Este es el primer gran secreto que las dos compartimos en la ciudad. Unas celdillas de hilo tejido, apenas perceptibles a mis pupilas muy atentas, me permiten ver por dónde nos llevan. Valentina y yo quedamos cubiertas por el suave manto que en realidad es un pañal ligero o una especie de toquilla de las que usan las mujeres adultas. El hombre me sienta en su regazo, una vez dentro de la camioneta, que arranca en medio de la algarabía de la calle y los gritos y las órdenes de quien me está cargando como si fuera mi nana. Valentina va en el canto de mi falda.

–¡Rápido, Rivera, rápido. Esquívelos! –ordena el capitán.

–Sí, mi capitán –dice el otro.

Es curioso: recuerdo el nombre del soldado pero no el del capitán. Creo que nunca lo mencionaron y eso que en la milicia, según he oído, uno no es siquiera un nombre. Uno es un apellido, muchas veces un número.

He visto relámpagos, otra vez, blancos y amarillos sobre mi cabeza. Estrecho a Valentina, cierro los ojos y creo que estoy llorando, calladamente. La voz de un locutor, gruesa y rítmica, bonita, un tanto baja pero nítida, como la de mi padre, habla en la radio, habla de una lluvia de estrellas que caerá sobre Bogotá esta noche, pero no hay afán en sus palabras sino, más bien, alborozo. La voz queda suspendida en el espacio y zumba en mis oídos, como el trino de un pájaro desconocido después de estrellarse contra las rocas.

–¡Las leónidas!, ¡tormenta de meteoros! Esta noche mire al cielo y se convencerá –dice la voz.

La caravana de autos y motocicletas avanza sobre el asfalto húmedo. Me estoy quedando dormida con el chasquido incesante de la goma de los neumáticos sobre el pavimento mojado. Pienso que no puedo, no debo, quedarme dormida, porque dejaría de ver cómo es una lluvia de estrellas sobre la ciudad. Un gran chorro de luz que cambia de colores, como el camaleón, llama mi atención hasta que consigue perturbarme: de azul a lila, de violeta a morado, y a rosado, y a amarillo, va cambiando a medida que nos acercamos. Una sola e inmensa torre que chorrea luz por todas partes se revela ante mis ojos cubiertos cuando la camioneta gira hacia la izquierda. Ahora comprendo que el auto había tomado impulso para dirigirse al norte. Los hombres me habían prometido que vería a la abuela. Nos estábamos alejando de aquel haz luminoso gigante que para mí era la claridad suspendida en el aire, con cuerpo de mujer coronada que muestra sus formas y con sus ojos vigila la ciudad, pero su lejanía era el mal augurio de otra ilusión que se escapaba de mis manos impotentes, de mi vista menguada, como la luna cuando se está acabando. No es más que una simple torre de colores, una voluminosa vela que babea cebo y que, vista desde la transparencia de mi tela blanca, se descompone en colores como el arco iris. Ellos presumían que, debajo del trapo, Valentina y yo dormíamos. Prefiero irme jugando con las luces de los semáforos: rojo/estación, amarillo/alucinación, verde/nacimiento. Aunque no siempre, ellos acataban las señales. Locura, caos, autoridad, desorden: cabe de todo en esta ciudad impaciente. Se escuchan pitos en las esquinas por donde quiera que vamos. Me enloquecen los faros de los carros, porque todavía no sé cómo contarlos.

–Esta noche habrá lluvia de estrellas sobre la ciudad –vuelve a decir la voz queda en la radio–. ¡Las leónidas! ¡Lluvia de estrellas! Mire al cielo y se convencerá.

Cortarme las venas es apenas una opción. Mejor sería el vértigo: el vacío certero y seco de un solo golpe, sin gota de sangre ante mi vista. No importa que después digan: "… era tan joven… " "¡Pobrecita!", o quizás: "¡ Qué idiota! No pasaba de los veinte".

He dado otro paso definitivo al correr unos centímetros las patas de la silla. He pensado en mis diecinueve años, que me pesan más que los setenta de la abuela. Ahora, estoy más cerca del borde de la azotea.

HE PASADO LA NOCHE CON LA ABUELA EN EL HOSPITAL

Día cuatro

Esta fue, en realidad, la primera frase que escribí. Me di cuenta, entonces, de que quería contar una historia y, para ordenar de manera coherente mis ideas, escribí las otras tres: La noche era azul *(primer día)*, Me han traído a la ciudad *(segundo día)* y, el mismo día, un hallazgo que, por ser maravilloso para mí, significó un día aparte *(tercer día)*: con una manta en la cabeza descubro una torre de colores. Este es el cuarto día (he pasado la noche con la abuela en el último piso del ala izquierda del hospital).

Si me lanzo de la azotea donde estoy, cuando cruce el vidrio de la ventana de Walkir estaré muerta: la deliciosa sensación de estar en el limbo de una hoja fresca de cafeto que me balancea cual oruga con su torso anillado. Habrá llovido. Porque es indispensable que la hoja esté resbalosa y tierno el tallo. Dos o tres gotas juguetonas se deslizarán por el ramaje verde, mientras espero a que el follaje se quiebre a sabiendas de que la gota, por más corpulenta que sea, caerá y la rama recuperará su vigor tras una rítmica vibración. La oruga aprovechará el segundo precioso de tiempo para sostenerse y ganar la batalla hacia arriba. La caída de la gota puede apreciarse como una bola de trapo cuando cruce el límite de la ventana. Walkir: debes estar atento al otro lado del vidrio, esa superficie que bien podría ser un espejo. ¿Qué hay al otro lado de un espejo? Siempre me he hecho esta pregunta. Soy otra vez niña. Tengo nueve años. Busco detrás del armario para saber dónde está esa otra mocosa, mi otro yo, mi doble, mi retrato que se mueve. Confieso que siento miedo cuando exploro y no hallo. Me angustia suponer que Walkir no esté pendiente al otro lado del espejo, ahora que estoy decidida a arrojar mis casi veinte años al precipicio.

¿Y si estás atento, detrás de tu ventana, Walkir, y me ves cruzar? Aquí arriba se siente mucho frío. Tú eres la oruga, Walkir. Yo soy la gota que, de todas maneras, se desintegrará en el piso, cuando haya llovido.

La abuela me ha contado que la bajaron del techo deslizándola por una cuerda y atada a un cinturón en una silla de ruedas.

–¡Volaste, abuela!

–Yo gritaba, hija. Yo gritaba: "¡Cuidado!", pero nadie me escuchó. Mejor dicho, me escuchaban, pero no me hacían caso. Setenta y dos años, hija, suspendidos en un lazo le pesan no solo al que los lleva puestos y, aunque en esta ciudad parezca no importarles la muerte, yo no quería morir. No todavía, hija, no con los pies descalzos y en lo alto, sino puestos sobre la tierra caliente, envueltos en mis pantuflas de orejas de conejo o extendidos sobre la tibia bolsa de látex que tú pones bajo la planta de mis pies entre las cobijas y las sábanas. Así quiero morir, hija.

A esta edad, las palabras deben ser tormento o sabiduría –quizá inocencia–, como las de una niña de nueve años.

–Fueron cinco pisos, en el aire, que me parecieron cinco años…

–Tranquila, abuela.

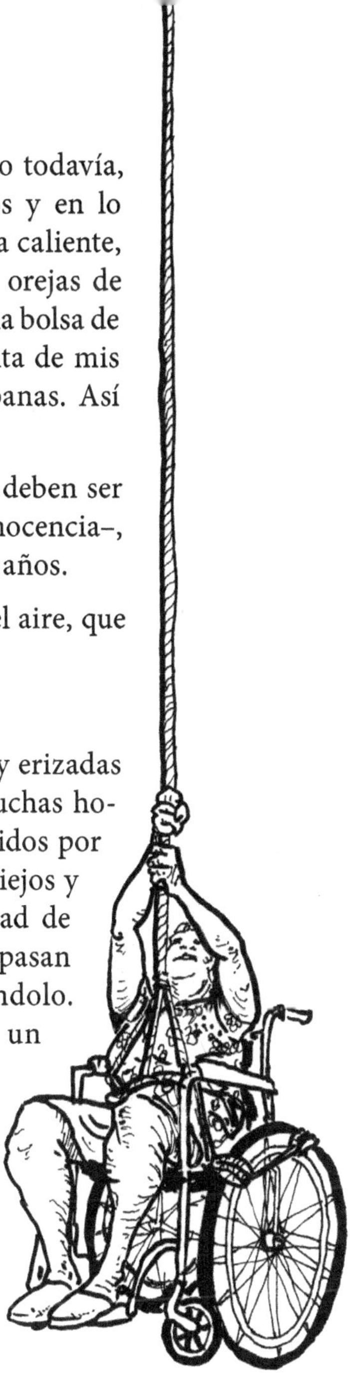

Son palabras temerosas y erizadas como la caída de una hoja, muchas hojas caídas de los árboles sacudidos por el viento. Las palabras de los viejos y de los niños son una tempestad de hojas que vienen hacia uno y pasan sin tocarlo, apenas acariciándolo. Uno sentado en la banca de un parque a cualquier hora de la tarde, escuchando el bullicio de las voces de una niña y una anciana, la abuela que reprende a la nieta para que deje de columpiarse, que mire que se puede caer de ahí, como si ahí la palabra ahí representara el peligro, la catástrofe, como si de niña nunca se hubiera aporreado; la niñez y la vejez, extremos inconclusos del tiempo en medio del murmullo de las hojas secas y verdes que ruedan por el suelo.

–Nada le va a pasar, abuelita –me decían, pero yo sentía que me iba a suceder todo.

–¡Bájenla, bájenla! –decían.

–Con cuidado –decía yo, hija.

Imagino la sorpresa para los demás enfermos que veían desde sus camas el descenso de una anciana a través de los cristales en el marco de sus ventanas.

–Abuela, no te quejes. No te has dado cuenta de que fuiste una privilegiada: desde arriba las cosas se ven mejor. Deberías agradecerle a la vida.

Los enfermos no imaginaron nada, abuela. Vieron un esparaván negro, así tal cual es un ave de rapiña, o un cuervo marino, triste, con las alas escurridas hasta los pies, para arroparlos como si sintiera frío pero listo para volar en cualquier momento, atento siempre al oleaje con cabeza, cuerpo y ojos. La visión de una vieja que cae del cielo debe ser algo horrible y, a primera vista, repugnante.

–Yo tenía rotas las piernas, hija, no los brazos. Por eso pude defenderme haciendo equilibrio…

La abuela tenía rota el alma.

–…No las alas, tienes razón, niña. Me dolían las piernas en cada envión, pero me consolaban mis brazos que no me dejaban caer, pese a que ellos confiaban demasiado en el cinturón con que me ataron a la silla.

El alma iba llegando al cuerpo, a medida que le soltaban más el lazo.

–Ya casi, abuelita –decían los muy desgraciados.

–Cálmate, abuela. Fue, en todo caso, una gran aventura.

–Yo veía los carros que se movían como si fueran de juguete, hija, u hormigas que cargaban sus casas.

–Lo dicho, abuela. Desde lo alto, las cosas se ven mejor.

Y abajo aparecen las cabezas de los hombres con el cuello oculto, oscilantes, como si las hubieran arrancado a la fuerza desde los hombros y ahora no tuvieran dónde sostenerse, bailando, erguidas y sin rumbo: unos, con los brazos extendidos a la hora del amor o de la hipocresía; otros, con esas extremidades recogidas, ocultas, como aves cobardes ante el viento, con pánico de volar pero queriendo hacerlo.

–Todos a la espera de que yo tocara pista. Sí, hija, como si tu abuela fuera un avión o un bicho raro.

Por fin llegaste, abuela.

–¿De veras temías morir, abuela?

–¡Qué sabes tú acerca de cuándo te vas a morir, niña!

Es verdad, nadie sabe.

–Tienes razón, abuela.

Nadie sabe cuándo. Ni siquiera cuando tienes planeado suicidarte. Siempre ocurre antes o después del momento elegido. Nunca exactamente.

El aterrizaje fue, imagino, sobre las dos ruedas con la silla hacia atrás, patas arriba.

A la abuela le dolía más el pecho que las piernas. Estoy segura.

Acabaron de desamarrar los manillares y el espaldar de este aparato desde donde miro, exhausta, la torre de colores, al otro lado de la ciudad, como si yo hubiera hecho toda la fuerza que hicieron esos hombres. Estoy cansada.

La abuela duerme en la cama y yo en la silla de ruedas. Yo, cubierta con una horrorosa cobija de lana gastada y ella, con una suave manta de hilo blanco. Valentina, muy callada, quieta, también dormida. Hay un perro que nos mira. Un perro al que no habíamos visto antes, porque él ha estado ahí desde el comienzo, cuidándonos, bate el rabo y se sienta como si yo lo hubiera invitado a quedarse. Tiene frío y ganas de hacernos compañía. Yo digo que se llama Amadís. Amadís, le he dicho como en secreto, acuéstate y duerme, y él me ha entendido. Nos sentimos como después de un viaje largo, en barco o en avión, tras haber atravesado el Atlántico para llegar a Europa desde América, con los ojos al otro lado del mundo y los pies adormecidos.

Ciertamente este es un lugar desconocido, con seguridad lleno de sorpresas. Bastará con atreverse a abrir la ventana o traspasar la puerta pero ahora no, ahora estoy cansada.

Amadís, muy tranquilo, a mis pies y pegando el hocico, la punta de su nariz húmeda, sobre las baldosas del piso, duerme profundamente. Creo que ha entendido nuestro cansancio.

HAN VENIDO LOS SEÑORES DEL ICBF

Día cinco

Desde la azotea donde estoy, recuerdo las iniciales Icbf, como si las estuviera viendo por primera vez. Me impresionaron. Eran muy sonoras. Hay ocasiones en que los ojos saben oír, como cuando uno se enamora. Eran las iniciales del Instituto Colombiano de Bienestar Familiar: Icbf.

Un gato, que yo digo que se llama Figo, duerme a mis pies y me hace compañía mientras escribo. Ha quedado cubierto, un instante, por mi mirada. Mi mente está en blanco. Los pensamientos, o las ideas, o las ocurrencias, o los recuerdos, van apareciendo como venidos de un fondo vacío e insondable. Supongo que le va saliendo por la boca un escorpión o una lombriz larga a cada pensamiento, como cuando un niño dice mentiras, o verdades tristes, o cuando un mago escupe confetis o tiras de pañuelos del mismo tamaño, de diferentes colores, asidas por muchos nudos. Así llegó también el gato. Así debió haber aparecido Figo, de la nada, por entre las canaletas de los tejados. Figo pertenece a todos los patios y es el dueño de todos los techos del vecindario. Pero ahora está aquí, a mi lado.

Inclino mi cabeza y raspo, con la navaja que siempre me acompaña, la cara maltrecha y fina que fue algún día este pupitre de salón de clases.

Descubro una letra. Es la ene. Una ene que acentúa su forma a medida que araño la superficie. Sí, es la ene mayúscula, N, sin duda. Han vuelto a mí los recuerdos.

He salido de la habitación de la abuela y mis ojos han visto un espacioso corredor que parece no tener fin pero está dividido por una puerta de cristal, después de la cual hay dos, tres hombres y, luego, el zaguán continúa, ahora sí, hasta el infinito de mi vista. Me asalta un ánimo igualmente indefinido de echar a correr a saltos, como lo hace Amadís por los pasillos del hospital, sin detenerme, con Valentina apretada entre mis brazos, y correr y correr sin que importe a dónde vamos a llegar. Estoy furiosa. Quiero alcanzar ese rectángulo de vidrio y atravesarlo sin que ellos, los señores del icbf, lo adviertan, o simplemente que lo vean como algo natural, no como una niña genio que traspone muros: tan solo como viene el mar hasta la roca. Sí, porque ahora experimento la misma sensación de quien observa una fiesta de disfraces a través de la ventana y adivina los rostros y los movimientos de los bailarines pero no escucha la música ni lee sus palabras. Entonces, una se siente ignorada y le parece curioso y hasta le produce risa que salten y giren, que aparezcan y desaparezcan como sombras chinescas en la ventana, y hablen y griten, y agiten las manos: ridículos hombrecillos y mujeres, con bocas cochinas, con miradas solapadas. Me miran como si me vieran pero no les importa, o les importa y por lo mismo me miran, me miran de reojo. No sé. Son actitudes ofensivas y ridículas. Hacen musarañas. Hablan. Se burlan de mí. Solo Amadís me comprende y está pendiente de que yo haga algo, me mira a la cara, sacude la cola, da unos cuantos pasos hacia adelante y se devuelve, como invitándome a correr.

Yo me burlo de la abuela, o de su silla de ruedas. Me veo paseando por la calle a una anciana lisiada.

Los señores del Icbf se llevan las manos a las piernas, se las tocan y luego vuelven a subir los brazos, miran a la luz, como si tuvieran entre las manos espejos invisibles, como hacen los mimos, observan unos cartones transparentes, realmente negros y blancos, grises.

Llegan a mi mente las cintas de las películas de vaqueros que arrojaban a la basura los comerciantes de cine que iban a mi pueblo. "Cine en Calamar. Vengan, vengan. Los sorprenderá", decían aquellos a quienes llamaban pregoneros. La gente veía esos vejestorios de películas de cinco pesos, luego las arrojaban a la basura, y los chicos íbamos, las recogíamos y las examinábamos. Jugábamos a descubrir dónde estaba el macho de la historia, en qué parte había desenfundado su pistola y cuándo les había aflojado el tiro a los malos, o por qué este o el otro había perdido la apuesta y la vida en un duelo de honor, siempre nostálgico, ahora ridículo.

Todos ellos visten de bata blanca. El que más mueve las manos, tiene el nombre escrito en el bolsillo pequeño, a la altura de la tetilla izquierda. Es un doctor. Los otros dos llevan en su espalda las iniciales Icbf. A veces, tengo la impresión de que estoy en un manicomio. He alcanzado, en dos ocasiones, el final del pasillo, pero el silencio me delata. El sonido de la goma de mis zapatos escolares, rítmico, se siente sobre el piso brillante, encerado. En cambio, los pasos de Amadís son suaves, casi imperceptibles: se escuchan más sus uñas que sus pies. Sin embargo, yo le digo: "Callado, Amadís. No hagas ruido". El otro lado del corredor parece tan frío como el anfiteatro del hospital de mi pueblo.

Estoy prisionera en una urna de paredes blancas, Amadís.

Me imagino lo que dirán los diarios: "Niña presa en un hospital cuida a su abuela por piedad. Ah, y un perro la acompaña".

Jugando a hablarle en voz alta a Valentina, como una madre enojada, sin prestarle importancia a Amadís, que ha entendido perfectamente la trama, le voy tomando confianza al lugar, pero la mirada de los tres hombres a través del rabillo del ojo me acobarda. Se han ido. Ahora han comenzado su marcha al otro lado de la puerta de cristal. Se van lentamente, como si se los fuera tragando el zaguán, como el mar se traga al sol en uno de esos atardeceres del Sur. Desaparecieron, sin que yo supiera cuándo.

Le he preguntado a la abuela qué significan las iniciales Icbf. Ella aprieta sus párpados y se pone a llorar. De ese paréntesis hermético que es ahora su mirada ha salido agua, por supuesto, agua salada. Las gotas se escurren por la curtida y sin embargo tersa cara, como ruedan dos piedras solitarias por una colina de arena y, al alzar la vista hacia la cima, en este caso, hacia los párpados, uno observa las pestañas humedecidas, salpicadas de gotas, gotas diminutas del rocío en el pasto, en las cejas, la pradera verde, sus ojos, sus inmensos ojos grises, la frente y el cabello de la abuela, la cresta de la montaña.

Me pregunto de dónde habrán salido esas dos lágrimas duras, acaso desnudas, desprovistas, quién arrojó las piedras sobre la duna si, desde aquí, no veo a nadie abajo, no desde la orilla del mar donde yo estoy.

Ese alguien está oculto donde se quiebra la montaña.

La cara de la abuela es una grieta seca que tiene ganas de llorar, llorar profundamente.

Raspo fuerte con la navaja y, en mi desespero, sobre la superficie de la silla del pupitre, soplo. Descubro otra letra. Es la "U", la U mayúscula. Debo tenerla en cuenta a la hora de la frase. Me desespero más, quiero saber qué oculta el alma de la madera. Hasta ahora, he hallado dos letras, la N y la U, al estilo de los pictogramas que yo iba descubriendo en Calamar, en cada alto del camino y a escondidas, sin impacientarme, pero aquí no hay lugar para la espera. Descubro otra. Es la ene. Otra N. Descubro una O, un nombre masculino, NUNO. Y la letra Y. Debe venir el nombre de una mujer. Ansío saberlo. Rasgo con cuidado, pero con codicia, el corazón de la madera. Es NINA. Su nombre es NINA, y sé que él la ama. "NUNO Y NINA SE AMAN", dice exactamente, entre flechas y corazones.

–¡Quieto, Figo, gato pendejo!, ¿por qué me atacas? ¡Zape, zape! Quita tus gordas manos de mi cara. Me haces daño, Figo. Tus dedos son mofletudos, pero tus uñas son garras. Eres un felino ofensivo. ¡Bájate! Pareces una garrapata. No aruñes mi cara. ¡Maldito gato, maldito tigre! No me dejas ver. Me vas a volver ciega, hombre. ¿Qué te pasa? Retira tus mugrientas patas de mi nariz, que no me dejas respirar. ¡Zape! Llévate tu cola a otra parte. ¿Acaso pretendes metérmela en la boca? ¡Zape, zape! En el cuello no, Figo, en el cuello no. Eres un demonio. ¡Al suelo, garrapata inmunda!

Tengo mis manos en el cuello, libres. Dios, ¿qué me pasa? Figo es un animal inofensivo. Es cierto. Ha venido del vecindario. No lo conozco demasiado, pero es mi amigo y ahora duerme en el piso de la azotea, plácidamente. Sin embargo, mi garganta duele como si de veras me hubiera atacado. Un temblor estremece mis manos. ¡Fue horrible! Walkir, no quiero morir atenazada por un gato.

DESCUBRO CÓMO PASAR EL TIEMPO CON LA ABUELA

Día seis

Con las lágrimas ya secas, la abuela se ha quedado mirándome. Yo no soporto su mirada gris. Las abuelas tristes se parecen a los perros desterrados. Le he preguntado: "Abuela, ¿sabes jugar al ahorcado?" "Sí, lo jugaba cuando niña".

Recuerdo perfectamente la primera palabra: Á-R-B-O-L. Era una palabra fácil, justa para iniciar, como quien está aprendiendo las vocales. Trazo los espacios de las letras sobre la hoja de papel: _ _ _ _ _. Ella dice "A", A _ _ _ _, luego dice "E", entonces yo dibujo su cara.

Es una cara triste. Por más que intento componerla, sigue siendo triste. Quizás con el cabello mejore.

Ella ha dicho "B". Yo pongo la B en el lugar indicado, A _ B _ _, así, la palabra a medias, insinuante, sin tilde para evitar el acierto prematuro. Creo que en este instante ella ya me ha descubierto pero quiere darme una oportunidad. Aun así no me siento engañada. La abuela dice "M". Yo pienso: "Tal vez imagina que la palabra es AMBOS". Dibujo su cabello.

No era abundante y ondulado su cabello, pero yo insisto en mejorarla.

No me gusta su aspecto. Deseo verla distinta de como realmente es. Yo también sé engañarla. En seguida dice "R", ere de árbol, A R B _ _, luego "O", A R B O _, luego "L", Á R B O L, con la tilde fina pero rotunda.

Su turno había acabado en una cara lángui-da y una cabellera generosa, que la hacían parecer menos vieja.

La abuela ya había pensado en su palabra: _ _ _ _.

He contado de inmediato los espacios. Son cua-tro. Y suelto al azar mi primera letra: "A". Ella dice: "Tienes suerte. Termina en A". Yo suelto la "C", "C" de casa, digo. Pienso: "Cuán obvia y manida es esta frase". Estaba pensando en la palabra CUNA. He fa-llado, y ella dibuja, en silencio, la silueta de mi cara, en cuyo extremo imaginaba ya la soga con la que la abuela habría de ahorcarme minutos después.

El final del juego era la horca.

Mi cara era un círculo cualquiera en el cual yo no me hallaba. Voy a errar de nuevo, esta vez a propósito, para ver cómo es mi cara en la mente de la abuela, quizás para saber cuánto me quiere. He dicho "R". "R", repite la abuela. Sí, "R", cuán sonora es la ere. "¿Por qué, abuela?", le pregunto. "Por nada", dice ella, y procede a dibujar el rostro de la niña alegre que yo no era. "No me quieres abuela", he dicho para mí, sin levantar la cabeza. "U". He dicho "U", ya con la certeza de haber cortado el camino a sus malvadas intenciones. "Me odias abuela", he dicho para mí, con la mirada clavada en sus penetrantes ojos grises. Creía que la palabra era TUNA, porque además tuna es higuera, espinas y sacrificio, y muerte, porque estaba segura de que la abuela se disponía a degollarme. La abuela dibuja mi cabello ensortijado, claro, con un par de trenzas.

No era CUNA, tampoco TUNA. Pensé en TINA, un presentimiento, una palabra, un método que para la abuela resultaba menos sospechoso aunque ya me veía muriendo asfixiada. Es una trampa, me dije. He dicho "I", resueltamente "I". Y la abuela ubica la "I" en su casilla: _ I _ A, la "I" y la "A" solitarias pero inquietas, saltarinas, la primera brinca en la mitad; la segunda, al final. Pienso en otra palabra, FINA. Entonces, exhalo ese sonido de viento, desinflado y sin gracia que es la "F" abandonada a su suerte, sola. "No, niña", ha dicho la abuela. "Pero si es fácil", agrega. Entonces, dibuja mi cuello y siento como si la soga hubiera descendido y se hubiera posado muy cerca de mi garganta tras cruzar mi cabeza. Yo parecía una de esas muñecas gigantes de trapo con vida artificial que sacuden los brazos y mueven los ojos y las moñas en los carnavales de esas ciudades a la orilla del mar. "Ñ". He dicho "Ñ" con tanta seguridad, como quien cree haber descubierto la letra clave de la palabra mágica: PIÑA. "¡Bravo!", dice la abuela. "_ I Ñ A, PIÑA". Por fin, grito: ¡PIÑA!, a los cuatro vientos, pero el gesto de desencanto de la abuela y el lugar vacío de la primera letra me desconciertan. Ella responde: "No niña. No es piña", y dibuja mi tronco de delicada cintura (y piernas flacas) como de cachorro hambriento debajo de una falda de chiquilla con flores. Ya sé a quién me parezco: a María Candela, la negra del Festival de Barranquilla que camina por las calles de esta ciudad costera, rígida de piernas, los brazos sueltos, descontrolados, los ojos saltones y meneando la cadera, pero con cara de muerta.

De hecho, yo gozo de menos vida en el dibujo que acaba de hacer la abuela, porque no tengo piernas ni brazos. Pienso en "uvas". Ha salido de mi boca la "V", la uve, cuán jugosa es esta letra. La abuela dibuja mis piernas flacas, como eran, y me ha puesto zapatillas.

"No, abuela. Estás haciendo trampa". "No, niña", me responde inclinando la cabeza. "¡NIÑA!", grito yo. "Claro, NIÑA", grita la abuela. N I Ñ A. "Te voy a poner los brazos", ha dicho la abuela. "No me gusta verte sin brazos".

Ya entera, me he puesto a imaginar cómo me vería con un lazo en el cuello y, aunque me atraen los juegos perversos, tan pronto cierro los ojos veo a Valentina, mi muñeca de trapo, colgada de una cuerda, muerta. No me gusta esta visión y pienso que fue una pesadilla, que he soñado despierta. Para apartar de mí esta imagen atroz, le digo con aparente entusiasmo a la abuela: "Bueno, abuela, ahora te toca a ti". Quería ver a la abuela ahorcada, solo para ganarle el juego. Hallé una palabra horrible, de niña, para que la abuela no descubriera mis verdaderas intenciones, aun si llegara a adivinar el acertijo: _ _ _ _ _, "A", dice la abuela. "Tienes suerte: "BRUJA". Termina en "A"", le digo, un poco desalentada pero sin descubrir todas mis cartas, sin decir BRUJA. "BRUJA", dice la abuela. "Sí, BRUJA". He dicho BRUJA, con mucha rabia, con tanta rabia como la de un perro bubónico. "Te toca de nuevo, muñeca", me dice la abuela. Yo actúo como si no la hubiera escuchado. Estoy pensando, y con obsesión, en la próxima palabra. Tiene que ser una palabra que encierre una trampa, como la de las arañas para atrapar pequeñas moscas y después comérselas. La abuela dice: "Esta es una palabra tierna". "No, abuela, sin dar pistas. Así no es el juego". "Está bien, hija", dice ella, y escribe: _ _ _ _ _ _ _ _. "A", digo yo. _ _ _ _ _ _ _ <u>A</u>, "PRINCESA". "PRINCESA, abuela". "Sí, PRINCESA", añade ella. Imagino de inmediato un castillo y digo: "Claro, la trampa debe ser "CASTILLO"", _ _ _ _ _ _ _ _ _. He dejado los espacios exactos sobre la hoja de papel. "A", dice la abuela. "Tiene una "A"", digo yo, Y dos veces la ele, "LL", Sí.

Y aparece la palabra milagrosamente sobre la hoja: C A S T I L L O.

De aquí en adelante construimos un juego increíble, en realidad un diálogo, para decirnos las cosas que hasta ese momento no habíamos sido capaces de contarnos y que nadie se había atrevido a revelarnos: PRINCESA, CASTILLO, R _ _, R E _, R E Y, adivinó la abuela, _ _ _ _ _, R _ _ _ _, R E _ _ _, R E I _ _, R E I N _, R E I N A, también yo acerté. Luego, el juego adquirió más consistencia y nos volvimos generosas, nos regalábamos una letra, L _ _, "L U Z", dijo la abuela, _ _ _ _ S, "L U C E S", dije, con certeza. N _ _ _ _, "N O C H E", dijo la abuela, y entonces me entregó una palabra que ciertamente estaba en juego pero yo no comprendía en ese instante.

Había caído en la trampa.

"G _ _ _ _ _. No puede ser, abuela", exclamé. "Sí, hija, sí". "Ah, sí", dije. "Claro, PRINCESA, CASTILLO, REY, REINA, LUZ, LUCES, NOCHE…, GUERRA" Exclamé: "¡GUERRA!". G U E R R A, y de inmediato me preguntó por qué. "Fue por amor", dije. Y le entregué a mi abuela esa palabra escueta. Le regalé la "A", "A _ _ _, A R M A", dijo la abuela. "No, abuela, ¿cómo se te ocurre?" Le regalé otra letra mientras iba avanzando en el dibujo con ganas de ahorcarla. "ALMA", dijo la abuela. Seguramente imaginó un "Alma de Guerrero" o algo así, pensé. Y cuando estaba a punto de morir dijo AMOR. "¡No

puede ser!, ¡AMOR!", exclamó. "Te amo, hija", dijo.
Y me abrazó.

Aquella noche espantamos el sueño intercambiando palabras que nadie nos había dicho, solo entre las dos, como amándonos y contradiciéndonos al mismo tiempo. Inventamos historias fantásticas y crueles, tristes y alegres, ridículas, hermosas, absurdas y lógicas, irrisorias, simples unas veces, enmarañadas otras, apenas con palabras pronunciadas, no escritas que, sencillamente, salían de nuestras bocas como gusanos, serpientes o bellas mariposas de múltiples matices, tercas, vanidosas y elocuentes. Evidentemente, queríamos herirnos, agredirnos. Queríamos desahogarnos: CANÍBAL, OGRO, BOSQUE, ABUELA, MANZANA, COMER, ENANA, BRUJA. Otra vez, BRUJA, MALDITA BRUJA, BESO, MUERTE, BESO, otra vez.

MUJER, HOMBRE, NIÑA, SOLITARIA, ABUELA, INTRUSA. Tú también INTRUSA, POBRE, SOLITARIA, COMPAÑERA, DIOS, AMIGAS, CONDENADAS, UNIÓN, DESTINO, ENFERMEDAD, y hasta ICBF, como si ICBF fuera una palabra.

SILENCIO, LÁGRIMAS, VIDA, PAPÁ, MAMÁ, OLVIDO, PERRO, MUÑECA, PAÍS, HOSPITAL, AMOR, HIJOS, NIETA, DESCONSUELO, CONSUELO, TIERRA, NIÑA,

ABUELA. No mencionamos abrazo, porque nos daba pena, pero dijimos PENA y dijimos BRAZOS tratando de insinuar algo, no sé exactamente qué, tal vez te quiero. Tampoco dijimos ESTRECHO, porque nos sentíamos distantes, pero dijimos CERCA, CERCA, CERCA hasta cuando nos rendimos, dormidas, profundas, presa de todas esas palabras que nos habíamos dicho, fundidas en un momento eterno, sin aliento, con los brazos fatigados, horrorosamente fatigados, afásicos, después de la batalla y hasta el día siguiente.

Mejor me bajan atada a esas sábanas que traen, como hicieron con la abuela. Una niña de diecinueve no es tan pesada. Me envuelven en una y utilizan las otras como cuerda. Deben unirlas por las puntas. Es todo. Siempre creí que los esqueletos eran listos, pero estoy observando que no es así. Una sábana les sirve de camilla, las otras de lazo, creo que ya les dije. ¿Cuántas trajeron? No se hagan los desentendidos. Apúrense, si de verdad quieren bajarme de esta azotea. Yo no les voy a manchar sus sábanas. Luego, pueden usarlas para cubrirse del frío. Un poco de ejercicio les haría bien: después de todo, los esqueletos no sudan. Ya dejen de castañear, ¿o es que se están burlando de mí? ¡Perezosos!, ¡Flojos!, ¿Cuántos son ustedes?, ¿entre cuatro no van a ser capaces conmigo?, ¡por Dios!, debería darles vergüenza. ¿A qué los mandaron? Llévenme a donde tengan que llevarme. Cumplan con su deber de esqueletos obedientes o de lo que quiera que sean, pero ¡cárguenme ya! No quiero estar más en esta azotea, y menos soñando despierta.

HE VUELTO A VER LA TORRE DE COLORES

Día siete

–Esta noche habrá lluvia de estrellas sobre la ciudad.

La frase se había transformado en mi espera. Yo aguardaba la noche, acontecimiento grandioso, para observar cómo cada cosa, cada calle, cada ser, iba desapareciendo. En su lugar, emergen una luz, luego otra, varias, muchas en realidad, un mundo mágico que va surgiendo desde las montañas, desde lo alto de los edificios, desde un sitio impreciso a lado y lado de las avenidas, luces suspendidas en el aire, hasta iluminarlo todo y copar ese inmenso vacío que era el día, esa oscuridad transitoria. Y cuando ya no cabe una luz más sobre la ciudad, aparece la torre de colores, el arco iris que obstruye la lluvia, un prisma incrustado entre mi noche, el chorro de agua que sale de un tubo plástico en el jardín de mi casa y que interrumpe el efecto de los rayos solares, mientras mi madre riega las flores, el sol huye por la inmensa pradera antes de las seis de la tarde. Todo este espectáculo era la ciudad cuando nacía la noche, cada noche.

Walkir, el chico de mis sueños, me ha dicho: "Juro que caminaré sobre la arena, descalzo, sobre un lodazal tranquilo o sobre un camino de hojas secas; luego, sobre la senda pedregosa que antes fueron las calles de esta ciudad, en otro siglo, hasta encontrarte, para hallarte y para hallarme, sin dejar huella". Y yo le creo.

La frase de Walkir es linda y sugestiva, pero es una frase de enamorado. Trato de imaginarme cómo serán los rostros de aquellos dos que escribieron las letras de sus nombres sobre la tapa de este pupitre de clases en donde estoy sentada, en la azotea del edificio donde vive Walkir, un piso más abajo. En este instante, debe estar tranquilo, leyendo, mientras aguarda la hora para cumplir nuestra cita quincenal en los toneles rebosantes de vino, a las orillas del Duero.

Rastrillo mi navaja. "NINA Y NUNO SE AMAN". Eso fue lo que escribieron en aquellos días de tediosas clases de matemáticas, de historias que no querían escuchar, de materias resumidas en el roce de las manos por debajo del pupitre. Soplo suavemente, para que el polvo de madera se vaya.

Siento deseos inmensos –una inexplicable ansia– de refugiarme debajo de esta silla.

"Esta noche habrá lluvia de estrellas sobre la ciudad". Lo había escuchado en la radio, rumbo al hospital, y me gustó. Se ha convertido en mi espera.

¿Por qué entonces me atemoriza? Pienso involuntariamente en el color azul y se me ocurre un significado:

AZUL: Una mujer que danza con un velo transparente, de seda, sobre su rostro, descalzas las puntas de sus dedos pintados con esmalte brillante y, del empeine hacia arriba, con medias veladas y pantalón bombacho, la cintura descubierta que exhibe su ombligo y, otra vez, dotada de tela traslúcida de sus pechos hacia arriba, y forrados sus brazos, también bombachos, su cuello y las muñecas de sus manos al aire libre adornadas de alhajas, pulseras y gargantillas, finas alhajas, que baten sus dedos como alas de mariposa que castigan su cara y su tronco y sus muslos y de nuevo su cara, y sus labios carnosos ligeramente humedecidos, su mirada puesta en ningún punto. La mujer provoca a un hombre que no puede poseerla; hembra zarca, lapislázuli. Es la torre azulada que permanece frente a mis ojos.

En ocasiones, de repente, es del color del cielo, sin nubes, tal cual, una torre suspendida. La torre se torna cenicienta con la lluvia, con el contraste de las nubes. AZUL. Es el quinto color del espectro solar, como lo dice el diccionario de escuela en la elemental definición que teníamos que aprender de memoria. Malaquita, sangriento, alpiste, triguero, zorro azul es el edificio que me tiene fascinada, vitriolo de amoníaco o cobre sulfatado que calcina mi mirada desde el cubo de ladrillo, cemento y cristal donde acompaño a la abuela.

Verde. Ahora ha cambiado a verde.

VERDE: La mujer ha sido lastimada en el intento del hombre por tocarla. La ha cortado sutilmente con sus uñas y ha rasgado el velo de su vestido. El árbol, antes fresco, tiene algunos tramos, leves tramos, despellejados por la herida sutil, una gema rayada por la punta de una navaja, una esmeralda lastimada, pero el árbol sigue en pie con su follaje entero mecido por el viento, apenas su tronco apuñalado. El edificio es ese árbol vivo, y los trozos de piel que tiene el hombre en sus uñas son la leña recién cortada. Verde, verdemar, carnero, ceniza, cobre, malaquita, oro pico, seda, té, tierra, acepciones de diccionario. Verde que reverbera y fustiga mi mirada con azotes. Es el cuarto color del espectro solar. El hombre y la mujer permanecen distantes.

Es yerba fresca en medio de la noche, la torre de colores que se dispone a hacer su tránsito.

AMARILLO: Oro, el color del limón, la flor de retama, por definición, o la siempreviva, por asociación, amarillo perpetuo que vive en los tejados de las casas viejas, arbusto escaso de flores encendidas, solitario y abundante, a pesar de estar plantado en la tierra depositada por la lluvia, en el retamar.

He vuelto a mirar involuntariamente hacia los techos del vecindario de donde salió Figo, el gato, que está tendido a mis pies, dormido, y tengo la tentación de describir estas sinuosidades de los tejados, pero no lo voy a hacer. Atrás, se superponen las cúpulas de los templos porteños en forma de paraguas extendidos y los elongados edificios de cristal de la parte moderna de esta ciudad, Ciudad Refugio, Oporto, y entonces veo los acampanados frutos secos de color amarillo que adornan la torre de colores en la Bogotá triste, misteriosa, de aquella noche a través de mi ventana, que chorrea luz desde la cúspide hasta la base como el velo de una novia que sale de la iglesia, los destellos de las cámaras de fotografía que atestiguan el momento, el arroz y la comida cruda y en abundancia que arrojan familiares, curiosos e invitados, la puerta del carruaje negro acicalado de cintillas blancas y de ramos de brisa silvestre, abierta. Ella aparece dispuesta ante la puerta franca. No existe el novio, porque la novia se ha entregado sola. Tres pajes y dos princesas le recogen la inmensa cola del vestido. Ella sonríe con candor, luce espléndida, irresistiblemente tormentosa.

Continúa danzando la mujer en celo, vestida de seda transparente, herida, rasguñada, refulge como las luces de un pozo amarillo bajo las nubes ocultas por efecto de la noche. Lentamente, se transforman, dejan de ser el tercer color del espectro solar. El hombre que ha estado sentado lanza otro manotazo para evitar que ella se refunda. Su mano queda sumergida en la brasa y en el hierro.

ROJO: La mujer ha entrado en trance, en calor, en celo. No hay duda: ese roce brusco y amoroso de la mano ruda y dadivosa del hombre la ha hecho penetrar en la materia, en el mundo. La mano del hombre, arcaica, entra en la rojura después de traspasar el alambrado, de haber superado a la brasa, al hierro enrojecido, hirviente, debería decir hervoroso, casi incandescente, casi blanquecino. Es el primer color del espectro solar. Rojo. Es el oro natural.

El rojo es el color de la gloria y del goce.

Algo ocurre: la mano ha salido ensangrentada, tal vez arrepentida cuando la mujer estaba presta a librarse de ese atuendo puro que la hacía ángel, animal provocativo y provocador, cuando se mostraba dispuesta a revolcarse perdidamente entre las sábanas de la habitación de un hotel lujoso.

Aquel edificio podía ser el más opulento de los hoteles de la ciudad. La cita quedaría concertada allí, para despertar menos sospechas. Dos amantes no se encuentran solamente en un hotel barato para no ser sorprendidos: se citan en el más luminoso castillo del bosque, donde todos creen que solo habitan los príncipes y su servidumbre, quienes a esa hora seguramente duermen. En una torre de colores, de mil habitaciones, la ocasión es menos propicia para el hallazgo y la sorpresa. No por esto el encuentro pierde su carácter clandestino. A veces los mejores escondites son los lugares más obvios.

Ella, tendida, ya desnuda, una pierna cabalgada sobre la otra, las sábanas cubren apenas sus pantorrillas. La otra mitad del lienzo blanco, recién lavado, cae al piso. Hotel La Estancia. La sábana sobre los pies de la cama y sobre el suelo alfombrado y caluroso (que preserva el sol de la mañana), y ella, vacía y pensativa exhibe sus muslos, sus glúteos y su espalda que oculta los pechos que caen presos entre los brazos y cortan el aire que circula en la habitación. Los brazos también están desnudos y cubren, protegen, esconden, encorvados y sensuales, esos pequeños y firmes senos bajo la almohada, donde un rostro de mirada perdida y cabello suelto aguarda, como dormido, al hombre a quien ha visto en sueños y que ahora sabe próximo a llegar.

Ella lo imagina en camino hacia el Hotel La Estancia en un auto arrastrado por la prisa.

No llegaría, sin embargo. Se ha arrepentido en la mitad del trayecto. La disculpa será su mano llena de grasa, ensangrentada. Se ha lastimado en la premura por cumplirle la cita y, cuando intentaba subirse al carro, la mano se le ha desprendido del brazo y ha quedado chorreando un rojo vital sobre la silla del acompañante que, por supuesto, está vacía.

El edificio está oscuro y se refunde en la noche. Está ahí como la mole verde que fue, la malaquita azul, la masa roja y ardiente que es, la encina, siempreviva, flor de retama, materia refulgente, pero ha perdido por completo su gracia, porque el hombre ha roto el velo y la ha herido de muerte. Y ella, ella solo era bella cuando tenía la cara y sus carnes cubiertas con la tela transparente. Él no pudo constatar si era Dios o el demonio en la oscuridad. Tampoco ella quiso comprobarlo.

Hilos rojos separan mis dedos. Observo mis manos en lo alto, más arriba de la cabeza. Parezco una marioneta en el escenario de un teatrino, que no es Bogotá. Estoy sangrando. He comenzado mi descenso hacia la muerte y estoy perdiendo fuerzas. Una gota recorre mi antebrazo y mi brazo, y viene a filtrarse entre mi pecho. Repentinamente, se descuelga una de mis manos. Con la punta del meñique, retiro la pequeña mancha púrpura que ha venido a parar en el seno, por debajo de mi blusa transparente. No percibo en qué momento ha descendido la otra mano que acaricia el filo de la navaja, y mis dedos se embelesan, ahora eternamente, y recorren, de extremo a extremo, el corte brillante de este instrumento salpicado del polvillo de la madera que antes cubría los nombres de dos enamorados sobre la tapa del pupitre. Simplemente, me he cortado: una pequeña herida en uno de mis dedos lacera por completo mi cuerpo y me produce desaliento. Hasta mi alma duele en esta Oporto que yo siento en mis entrañas. Sí, ya tengo diecinueve años.

Ya tengo entrañas.

HE DESCUBIERTO CÓMO FUNCIONA EL ELEVADOR

Día ocho

No comprendo muy bien cómo la prisa puede transformarse en risa leve, luego en saludos, luego en impaciencia, después en silencio y tosquedad, en respiración agitada, en miradas de números, en campanillas o timbres. En cualquier caso, en metálicos sonidos de alerta y, finalmente, caer en el abismo de un "hasta luego" o un "adiós" indefinido, impreciso. Todo, en tan pocos segundos como ocurre, en efecto, dentro de un ascensor. Un elevador es una urna que carga pensamientos y actitudes. Por lo mismo, es una urna pesada, pero, ante todo, una adición de egoísmos.

La enfermera que está a punto de ingresar me ha saludado en el pasillo, como nunca lo hace, con una sonrisa estúpida como diciéndome "Hola niña", pero sin pensar en mí, realmente. De seguro, tampoco va meditando en sus pacientes, quizá en el hombre que la desvela. La he visto en otras ocasiones adulando al médico con quien se cruzará en pocos segundos en el corredor. Doctor, ¿cómo me le va?, ¿ya habló con

el director?, estaba buscándolo. Todo esto se lo dijo
con ondulaciones de voz que más parecían un deseo
que un simple recado. De nada, doctor, que le vaya
muy bien. Quizás el doctor sea ese hombre que la
hace pasar horas enteras contemplándose al espejo,
largamente despierta en la cama. Reprende a su
compañera que lleva una jeringa y una mica de
orinar para la paciente del 503, que se siente
muy mal. Apúrese, por favor. ¿Cuánto hace que
solicitaron esa inyección?, le dice. Es bonita.
Tiene cara de ratón. Avanza con esos pasos blancos y bulliciosos con que suelen
caminar las enfermeras por los pasillos
encerados de todos los hospitales. Detrás de ella viene Amadís, con su paso
lento, siempre pensativo, cavilando en
algún recuerdo perdido, buscando algo
entre los olores a farmacia, suero, formol,
comida sin aliño, puré de papa sin sal,
néctar de naranja sin azúcar, penicilina,
leche de vaca recién parida, orín viejo,
sábanas, bebés y ancianos, amor y abandono. Pero el afán tiene una pausa frente a
la puerta del elevador, para la enfermera; y
frente a mí, para Amadís. Ahora la enfermera parece una muñeca estática, de plástico,
de esas que solo mueven los ojos cuando
uno las levanta o las acuesta. ¡Dios mío!,
es idéntica a un maniquí con el cuello en

esa posición, estirado como el de un avestruz, atenta a la luz del ascensor. No tiene más vida que en las dos pepas verdes que le sirven de ojos. Parece una loca de manicomio, pero en calma, como si estuviera pensando en hacer algo para escapar de allí. Yo he seguido sus pasos como una pequeña e inofensiva espía. Pego mi nariz intrusa en los cristales del corredor, desde donde puede verse el movimiento del elevador. Me descubrió. Entonces, la miro para decirle: "Ya viene, ya viene". Pero el ascensor se ha detenido un piso más arriba y ella continúa esperando, ahora en compañía de otras personas: un muchacho que lleva una pila de papeles y un maletín de mensajero, y una muchacha que llora sin parar pero en silencio. Dudo. No sé si unirme a ese grupo de dementes u observarlos desde aquí, mi palco preferido, las ventanas. La puerta se ha abierto. Me he quedado quieta, como si alguien hubiera puesto un clavo en cada uno de mis pies. Los veo subir, a los tres, dentro del elevador y compartir ese espacio con dos hombres jóvenes de bata blanca a quienes la enfermera saluda sin ninguna reverencia. El mensajero los detalla a todos, interesado en lo que dicen, y la muchacha de los ojos rojos los ignora por completo, cabizbaja, entregada al llanto. Cuando se elevan, todos miran hacia abajo, a sus pies, como si estuvieran seguros de ir al cielo. El elevador se detiene dos pisos más arriba, cuando ya parecen astronautas en su cápsula. La puerta no se abre, y aquella caja transparente se descuelga como si alguien hubiera cortado la cuerda. "Por fortuna no estamos allí, Amadís. Ahora comprendo a la abuela cuando la bajaron desde la azotea en la silla de ruedas". Los hombres de bata blanca oprimen botones en una de las paredes del ascensor. Nadie responde. Lo digo porque veo sus caras angustiadas. La enfermera saca del bolsillo de su vestido un pequeño aparato que parece un teléfono, y habla. Nadie acude a ayudarlos. El mensajero, que ha puesto su maletín en el piso, hunde otro botón y de inmediato suena una campana pero la ayuda aún no viene. Observo con atención. Estoy comprometida con el drama, como si lo que ocurre me estuviera pasando a mí pero no siento pena. Todos me miran para decirme con los ojos: "Oiga, niña, haga algo. No se quede parada ahí. Vaya a avisarle a alguien". ¿Qué dices, Amadís? Vamos. No, qué va, ha dicho mi cómplice, evidentemente desinteresado y alegre, batiendo la cola. La muchacha de los ojos rojos entra en histeria, patalea, bracea, vuelve a patalear, y luego se desmaya. Los hombres jóvenes de la bata blanca la sostienen. La enfermera le toma el pulso, la respiración, le toca la frente, le escucha el corazón, le abre los ojos con los dedos, los hombres jóvenes indican algo y el mensajero, con sus carpetas de cartón, hace correr el viento en dirección de la cara de la desmayada.

Yo observo todo desde mi palco favorito que ahora comparto con Amadís. Llegan más hombres empujando una camilla, vestidos de blanco. Se llevan a la muchacha. La enfermera corre detrás de ellos. Los hombres jóvenes no saben qué hacer. El mensajero recupera su maletín con toda la calma del mundo.

Media hora más tarde, tres hombres de overol verdoso vienen al hueco del ascensor. Conversan, ríen, en lo que fuera un magnífico elevador, y ahora apenas un foso hediondo lleno de grasa, basura y herramienta.

Siento un afán irresistible de asfixiarme dentro de las sábanas, después de haber estado con Walkir en mi cama, cuando él se haya ido y crea que duermo. Me cubro la cara con las cobijas y me invaden unos deseos de llorar… y lloro. Es un llanto seco, como el de ahora cuando escribo. Tampoco es un llanto ahogado, porque he logrado gritar, sin que nadie me oiga.

HE VISTO AVIONES Y HELICÓPTEROS EN EL TECHO DEL HOSPITAL… ¡AH!, Y SOLDADOS DE VERDAD

Día nueve

He salvado con mis dientes –los labios entreabiertos– una espina más, mientras mi lengua permanece húmeda, callada y pastosa, y le sirve de lecho al tallo de la flor dormida dentro de mi boca.

Paso saliva, y un sabor amargo inunda mi aliento.

De pronto, distante del hospital, aparece un globo sobre los edificios. Es un punto negro, suspendido en el aire como si de verdad estuviera quieto. El globo toma un rumbo. Luego, aparece otro punto negro debajo del globo y va volviéndose figura humana a medida que avanza, a medida que viene. Creo que se aproxima en esta dirección, el ala izquierda del hospital, lo que quiere decir que caerá sobre nuestras cabezas, sobre mi cabeza. No es negra la silueta del hombre: es verde. Ahora, no avanza hacia adelante sino hacia abajo. No viene del horizonte, sino de las nubes. Se aproxima a la cresta del edificio. Y cae.

En la perezosa caída del globo sobre la azotea y el correteo final del hombre, había un mensaje para mí. El hombre y el globo traían un recuerdo o, más que un recuerdo, el mensaje de un recuerdo refundido en la niñez, en mi primera niñez. "El hombre soñó, desde edades inmemoriales, con tener alas y volar". Esta frase y una época –la Navidad– estaban perfectamente relacionadas en aquella imagen de objetos suspendidos y finalmente caídos, derrotados, tal vez. Era precisamente en el abandono donde cobraba fuerza mi recuerdo, esa imagen del hombre en el piso, abatido: he visto volar un globo de papel de seda con mecha de trapos empapados en petróleo, el pabilo en la cola, atado a unos finos alambres para que no hiciera mucho peso, y luego, seguirlo en su recorrido loco pero progresivo, y verlo desmayarse, desfallecer lentamente, tan lento que se abrían los deseos de echar a correr para ganarle el paso y esperar a que en su destino, ya débil, se hiciera nuestro, nuestro con la certeza de que podríamos elevarlo nuevamente sin que fuera a enredarse entre las cuerdas del tendido eléctrico. Nunca rescatamos un globo porque nunca cayó tan cerca como imaginábamos, así que tuvimos que consolarnos tantas veces con la horma de papel, también de seda, que traían los sombreros a manera de defensa y que guardábamos celosamente desde el momento en que los adultos la arrojaban a la basura. Perforábamos el borde de esa forma de raso por cuatro puntos extremos y atábamos un hilo suave a cada uno; luego, uníamos las puntas con un corcho, generalmente de una vieja botella de vino Sansón, y le hacíamos cuna al papel para que adentro circulara el aire, libremente, cuando lo soltáramos desde el balcón de nuestras casas. Así eran nuestros globos en Calamar. Eran globos desalentados, sin corazón, abatidos desde el comienzo, que entusiasmaban apenas unos pocos segundos y perdían la gracia tan pronto tocaban el piso después de su corto y fracasado vuelo. Eran globos perezosos.

Esas "alas" fatigadas, con la aparente promesa de volver a levantarse, y el hombre vestido de verde que emerge quitándolas de encima de su cuerpo, sacudiéndose, marcaron la distancia entre las visiones de mi primera infancia y la de los paracaidistas que aterrizaban, como moscas, en la azotea del hospital.

Luego, apareció un cuervo negro y enorme sobre el firmamento azul y despejado de nubes a esa hora de la tarde. Era un helicóptero de la FAC –Fuerza Aérea Colombiana–, de donde habían sido lanzados los hombres que volaron como puntos negros; luego, verdes, muchos hombres, no solo uno, como al comienzo.

–Pongan las sillas para el juego.

–Hagan un semicírculo, que vamos a empezar.

–Es el juego del tren de la frontera.

–Apresúrense.

–¡Apresúrense, por favor!

–Este tren viaja hacia el Norte –y todos nos movíamos exactamente hacia el Norte. El Norte era, entonces, un lugar con nombre propio. No necesitábamos decir más. Niños y niñas, hombro a hombro, trataban de no perder de vista nuestro asiento.

–¡Se ha descarrilado la locomotora! –gritaba de repente el maquinista.

Cuando regresábamos a nuestros puestos, encontrábamos una silla menos y alguien se quedaba dando vueltas sin saber dónde sentarse. Parecía una mariposa, libre pero fuera del juego. No sé si era un castigo o un premio, pero todos preferíamos no ser mariposas. El "relegado" debía, entonces, conducir el tren descarrilado:

–Este tren va hacia… el Sur –decía. Y todos nos movíamos hacia ese lugar, llamado Sur, pero con la mente y el ánimo agitados, mirándonos unos a otros de espaldas al maquinista, hasta oír otra vez su voz cuando decía:

–¡Se ha descarrilado la locomotora!

En el juego del tren de la frontera parece, pues, que los soldados en la azotea están dejando pasar el tiempo mientras aquellas que fueran sus alas son un pilón de lona verde. Ellos forman en hilera a lado y lado del helicóptero y, quien queda por fuera, se estaciona al final y le mira la cara, con el rabillo del ojo, al resto de los pasajeros. Algo esperan los paracaidistas. Alguien trae una camilla y cruza justo por la mitad de la formación. Alguien que sale del helicóptero se deja caer sobre la camilla y, luego, todos la empujan. Van corriendo al ritmo que imponen las ruedas, pero nadie grita, Se ha descarrilado la locomotora. Alguien parece haber dado otra voz de alerta. Este tren va hacia el Sur. Los soldados se devuelven y forman de nuevo en la puerta del helicóptero, en espera de la contraorden. Este tren va hacia el Norte.

A veces creo que no juegan al tren de la frontera, sino a María la Mejicana:

María, la mejicana – na

de un chico se enamoró – oe

Si el chico le pide un (beso) mua mua

con gusto se lo dará – oe,

El chico le pide un (niño) ña, ña, ña

con gusto se lo dará – oe.

Estoy cantando y palmoteando como cuando era más niña, mientras observo a los soldados.

Ayer recibí tres cartas – tas,

La primera me cayó en las (piernas),

La segunda me cayó en los (brazos),

La tercera me cayó en la esquina

Donde me enamoré – oe.

–¡Uno… dos… tres… fusilen! –Los condenados corren huyéndoles a las pelotas de trapo que han hecho los soldados para jugar a los fusileros. Lanzan las pelotas, las disputan elevando los brazos. Las pelotas están contadas, pero no son suficientes para todos. Los cinco que quedan con las manos vacías se dirigen, cabizbajos, al paredón porque el pelotón ha formado y los van a fusilar.

El rey de España sacó su batallón,

sacó su pistola y luego disparó: ¡pum, pum!

Y sácale y sácale y sácale punta al lápiz,

con uno, con dos, con tres, con cuatro,

con cinco, con seis, con siete, con ocho,

con nueve, con diez.

El que se ría se va directo al cuartel. ¡Hey!

Tarareo otra de mis rondas preferidas, mientras observo a los soldados que han cambiado del juego de los fusileros al de la guerra, la bandera, o la prisión. Forman en dos filas, una enfrente de la otra. Se miran. Dos capitanes escogen, a su antojo, a sus soldados y, como las fieras, cada grupo marca su territorio con las manos o con la punta del pie. Alguien da un paso al frente, y reta. Cuando un soldado enemigo toca a otro del bando contrario, este queda prisionero. Es la regla. Es la ley. Alguien pide auxilio y, con ágiles movimientos, casi contorsiones, esquiva el roce de la punta de la espada enemiga, que consta de brazo y mano y termina en cinco garfios filosos, que son los dedos y las uñas. Así, entre carreras de perseguidos y perseguidores, se consigue la libertad de los compañeros. Pero alguno tiene que perder. En toda gran batalla hay vencedores y vencidos. En todo buen juego hay victoriosos y derrotados. Hombres de un bando han quedado prisioneros. Faltan dos. Ya no vale la pena seguir en la pelea, así que los triunfadores cantan su himno de victoria:

¡Abran puertas y ventanas,

cortinas y pabellones,

que se van a despedir

estos pobres bribones!

Ellos gritan en la azotea del hospital, y yo recuerdo otra ronda que me gusta mucho porque cuenta historias, historias de mar:

Había una vez un barco muy chiquito,

había una vez un barco muy chiquito,

había una vez un barco muy chiquito.

Y no podíamos,

y no podíamos,

y no podíamos

navegar.

Pasaron una, dos, tres, cuatro, cinco, seis,/ siete semanas,

pasaron una, dos, tres, cuatro, cinco, seis,/ siete semanas,

pasaron una, dos, tres, cuatro, cinco, seis,/ siete semanas,

y los víveres,

y los víveres,

y los víveres

empezaron a escasear.

Si la canción no les parece larga,

si la canción no les parece larga,

si la canción no les parece larga,

la volveremos,

la volveremos

a empezar:

Había una vez un barco muy chiquito…

Yo la cantaba en las horas del recreo escolar y exasperaba a mis compañeros, que ya sabían el final de la historia, el final de la broma. Sé que en París los niños la cantan:

"Il était un petit navire…"

Y en Madrid:

"Este era un gato

que tenía los pies de trapo

 y la barriga al revés.

¿Quieres que te lo cuente otra vez?"

Los soldados se cansan de jugar a la guerra, y yo de husmear sus juegos a través de la ventana. La guerra es un juego divertido solo al comienzo. Los hombres sueñan que van a la guerra y lo repiten despiertos delante de las mujeres y los niños, para sentirse héroes por anticipado, y lo repiten también en presencia de otros hombres, para hacerlos sentir cobardes de antemano. Incluso, se van con el pecho henchido cuando se despiden en medio del llanto de los que se quedan; luego, sus primeras cartas hablan de valentía; las segundas, de suerte; las terceras, de supervivencia; las otras, las otras hablan de Dios. Unos vuelven; los demás mueren gritando: "¡Mamá, mamá!", mientras sus heridas supuran sangre y la fiebre se los traga sin recordar siquiera su nombre o la fecha del nacimiento de sus hijos, si los tienen, o el primer beso de amor. Ellos también invocaron a Dios. Los hombres no saben qué es una guerra. Por eso, van en los frentes defendiendo naciones, o nombres de naciones, banderas y uniformes de países. Se cansan de jugar a la guerra.

En otro lugar del hospital, dos soldados viejos, a quienes se me antoja llamar Soldados Grandes, se miran a la cara, cada uno en un extremo de una gran mesa, separados por un tablero llano que contiene fichas en desorden. Uno le dice algo al otro, pero yo no puedo escuchar la conversación, un diálogo fugaz, de pocas palabras y muchas miradas. Apresuradamente, corro hacia la puerta y alcanzo a oír la última frase, tal vez, la única:

–Me mataste de nuevo, mi general.

Vuelvo a la ventana. Los dos se levantan de la mesa y van a otra, como si se tratara de un salón de juegos. Sobre esta mesa, más grande que la anterior, hay un mapa y, sobre el mapa, unos alfileres con la cabeza de dos colores: rojo y negro.

–Toma el 4 y ponlo al lado del 1, toma el 6 y ponlo al lado del 9.

Es el juego de las tiras saltarinas, con el cual me divertía mucho en Calamar porque nadie sabía jugarlo mejor que yo.

Los dos hombres, que parecen experimentados guerreros, juegan a las fajas saltarinas. La diferencia es que lo hacen con alfileres que tienen la punta de colores rojo o negro.

–Ahora, toma el 8 y ponlo al lado del 3 –dice el que parece tener la fórmula del juego.

Las fajas deben estar numeradas del uno al diez, y deben situarse sobre la mesa, a una distancia tal, que se puedan mover sin desordenar las otras. El juego consiste en cambiar cada vez una tira de lugar y, saltándose únicamente dos de ellas, mediante cinco movimientos, cinco oportunidades, lograr que todas queden de dos en dos, en parejas.

Recuerda: solo cinco movimientos.

Recuerda: solo puedes saltar dos fajas en cada movimiento.

Recuerda: deben quedar en cinco grupos, cada grupo de a dos. Inténtalo.

Así decía yo cuando animaba a los demás niños, incluso a los adultos, a que adivinaran el juego:

La 6 con la 3, la 2 con la 5, la 4 con la 8…

No, no se puede.

Sí, sí se puede. Otra vez.

La 1 con la 3, la 4 con la 7…

En el salón de los Soldados Grandes, lo intenta uno, luego el otro. Se miran, piensan. Ninguno de los dos posee la fórmula. Solo yo. Yo, que estoy detrás de la ventana.

–Toma el 2 y ponlo al lado del 5. ¡Hazlo! Toma el 10 y ponlo al lado del 7. ¡No pudiste!

Los dos se miran, mueven las cabezas de sus alfileres pintadas de colores, las cambian de posición para un lado y otro sobre la mesa, y no encuentran solución. Están desesperados. Uno de ellos enciende un cigarrillo, pasea por el salón, aspira fuerte, expulsa con furia el humo, se lleva la mano a la frente, se rasca con el dedo gordo la sien y regresa a la mesa apresurado. Tiene la fórmula. Eso creo. Hay que comenzar al revés, por el final, dice uno de ellos:

–El 10 al lado del 7. El 6, al lado del 3.

El otro va al minibar que hay en el salón de juegos y se sirve un whisky. Ha vuelto a su lugar. Los alfileres aparecen ahora ordenados del uno al diez, nuevamente. El del whisky en la mano dice, con la boca todavía ardiente:

–Es necesario volver a empezar:

–Toma el 2 y ponlo al lado del 5. Lista la primera pareja.

–Toma el 6 y ponlo al lado del 9. Lista la segunda pareja.

–El 10, al lado del 8. ¡Maldita sea!

Al mismo tiempo del grito, estrella el vaso contra la pared. Su compañero remata la colilla del cigarrillo contra el piso, mientras expulsa el humo de la última chupada.

Hombres energúmenos, poco pacientes. Mi fórmula es:

Primera pareja: el 4 al lado del 1, segunda pareja: el 6 al lado del 9, tercera pareja: el 8 al lado del 3, cuarta pareja: el 2 al lado del 5 y quinta pareja: el 10 al lado del 7.

Fácil. Yo lo hacía con tiras saltarinas.

Lo que ocurre es que los hombres se cansan de jugar. Incluso, se cansan de ensayar la guerra. Y los que regresan del campo de batalla se enloquecen cuando descubren cuánta falta nos hacían a quienes nos habíamos quedado en casa, pendientes siempre del retorno detrás de la ventana.

Recuerdo otro verso de rondalla:

Y las niñas van danzando

con los guantes al revés

y la lluvia va sin alas,

va sin alas, va sin pies.

Pienso que las horas de la noche son el largo calzado del día. Hoy, he cantado muchas rondas y he jugado a muchos juegos. El día se viste con los zapatos de la noche, para no cansarse demasiado. No de otra manera las noches vienen sudorosas o malolientes, algunas noches; otras, aparecen perfumadas. Las noches tienen la humildad de mis zapatos viejos. Hay días que nacen cansados, como hoy. Todo esto cruza mi cabeza, mientras las tinieblas caen en la azotea del hospital y las luces de la ciudad vuelven a encenderse como haladas por alguien.

Me invade una asfixia terrible, que parece venir del calor reconcentrado de mis propias sábanas. Tengo la cara tapada. Huelo el aroma de mi cuerpo y mi sudor se confunde con el vigor de Walkir, que ya no está. ¿Dónde estás, Walkir? Eres tan irreal algunas veces. Aprieto las cobijas contra mi pecho, las aruño, preparo un nudo con el filo de la sobresábana y lo ciño al cuello. Siento en la habitación los pasos de Walkir que se dispone a algo. En lugar de abandonarme, ha resuelto quedarse. No sé si su presencia es real, porque no me atrevo a abrir los ojos. Así sea apenas su aliento, es su presencia. Y eso es suficiente. Gracias, Walkir, por estar conmigo, aunque solo sea esta noche.

DICEN QUE NOS VAMOS CUANDO LA ABUELA CAMINE

Día diez

Todo sucedió un viernes. Y fue cuestión de horas, minutos, tal vez.

La abuela miraba la televisión, como siempre, en las tardes. Bueno, en realidad, la escuchaba. Era su costumbre desde cuando perdió la vista, a pesar de sus inmensos ojos grises.

Los ojos de la abuela se han cerrado para el mundo que los rodea, para todos los colores. Y qué decir respecto de las formas y la luz plena en la habitación, cuando está de día. De ellas también ha perdido toda noción. Se ha acostumbrado a la intermitencia de la luz de la pantalla que sucede cada vez que un hombre o una mujer dicen algo y se mueven. Las sombras de los actores cambian, y la abuela aguza el oído de la misma manera que lo hace un papagayo o una lechuza. Ya no es necesario que Amadís haga escándalo al anunciar su entrada triunfal a los predios de la abuela: basta con pisar firme y batir la cola, para que advierta su presencia y su estado de ánimo. Sabe cuándo está triste o enfadada la abuela. Es un perro inteligente: solo le hace falta hablar. De su coquetería caben pocos comentarios. Ama con desenfreno a todas las cachorras que aparecen por el hospital, las acaricia sin descuidar ni preferir a ninguna. Es tan meloso, que parece amar más a una que a las demás, pero no es así: las ama a todas con la misma intensidad. A mí me ama también, pese a que me ve como su cómplice.

Transcurre este viernes de fanfarronadas y mil cosas repetidas, cuando la enfermera atraviesa por el pasillo, pavoneándose como si fuera la dueña del hospital. Todos dicen que es la mandamás del piso. Yo juego con Amadís a las escondidas y ella pasa afanada, pero como si nada le importara, como si tuviera mucho qué hacer. Acierta a decirme: "Hola, niña", con su voz empalagosa como de bruja de cuento de hadas cuando prepara a su víctima. Ha cruzado como presagio de una cosa mala. La abuela, sumergida en sus sombras a punto de conciliar el sueño, que siempre la sorprende –eso dice ella– cierra sus inmensos ojos grises y comienza a abrir la boca de tal forma que, de un momento a otro, parece estar muerta. Ha vuelto la noche, pero no es una noche cualquiera. Yo, la única nieta de la abuela, tengo que vivir pendiente de sus achaques, cuidar a Valentina, lidiar con los caprichos de los médicos, ver cómo se entretiene la gente ociosa, caminando por los pasillos del hospital, y vigilar a Amadís. Pues no me parece justa esta condición de niña condenada. La respiración de la abuela es continua y generosa, yo diría, agitada. Por eso, me desconcierta. Está acompañada de un chorrillo de baba, que pretende escapar en franca batalla con sus labios, que se cierran y se abren igual que sus fosas nasales; luego, no puede ser que la redondez de sus cuencas, en donde guarda esos inmensos ojos grises, se haya borrado para siempre. Estoy asustada. Estoy segura de que por dentro tiene que haber vida. La abuela tiene derecho a morirse pero no en mi presencia. Los achaques de la abuela no son de este día ni de esta época. Eso está claro. Son de siempre. Después de que llegamos a Bogotá, ha desarrollado increíblemente el oído, pero jamás me ha dicho que haya quedado ciega del todo. De su tacto, ni hablar: si hay algo prodigioso en la abuela es su tacto. Yo me divierto poniéndole trampas y haciéndole entrar en dudas respecto de la ubicación de las cosas dentro de la habitación, o le digo: "Abuela, ¿sabes dónde está Amadís?", y ella contesta: "¿Quién es Amadís?", "Ay, abuela", le respondo. "Ah", dice ella mientras simula entretenerse con la televisión. No, la abuela no es ninguna tonta. Le gusta encender la televisión mientras la luz eléctrica permanece apagada. No más siente que yo pongo la mano en el interruptor del bombillo e inmediatamente protesta enojada, y su enojo a veces es del tamaño de la redondez que pueden alcanzar sus enormes y profundos ojos grises, que abre cuando dice: "Quieta, niña". A los ojos de la abuela les gusta permanecer como en el más allá. Y su olfato –¡qué decir de su olfato!–. Si puede existir algo más aterrador que su tacto es su olfato, aventajado a más no poder, gracias a la incesante manía de catar tabaco con la nariz durante largos ratos antes de llevarlo a la boca. Solo me pide que le avise cuando vengan los médicos o las enfermeras y, luego, que abra la ventana. Después, respira profundo, casi hasta cuando el aire le inunda el último rincón de sus pulmones y lo devuelve como expulsándolo por los ojos, que se le llenan de felicidad. Sus ojos son, en realidad, lo único que parece no tener vida en este instante: habitan dos cuencas profundas y hueras como cuando un río viejo lleva piedras pero no corre el agua. Son lindos los ojos de la abuela mientras los tiene abiertos, porque dejan ver el gris intenso de gato juguetón en busca de la presa.

Mientras la abuela boga en su profundo sueño, que ya no sé si es de vida o muerte, un chorro de luz penetra e inunda la habitación a través de la puerta principal. Siento pasos, voces, respiración de hombres. Salto, como un canguro. Voy a encerrarme en el ropero, porque creo que la abuela está muerta y vienen por ella. Valentina entra conmigo y Amadís se queda. Siento las pisadas de dos hombres a quienes imagino con bata blanca, de médico, un forcejeo, pujan, respiran cansados, rastrillan los pies contra el piso, hablan pero no se les entiende nada. Valentina me mira aterrorizada. Yo estoy peor, pero le indico con el dedo en la boca que debemos permanecer calladas y, luego, el llanto de Amadís. Imagino a la abuela sumergida en su silla de ruedas, con las coderas por remos, en un cuadro que se completa con latosos movimientos de cabeza y estómago hacia atrás y hacia adelante. Amadís, no inferior al reto que le han propuesto los hombres, comienza a propinarles modestos besos con su hocico húmedo a los pies descalzos de la abuela para despertarla. Han transcurrido varios minutos de juegos inútiles y coqueteos en la habitación y, en vista de que Amadís no ha vuelto a manifestarse, resuelvo indagar por mi propia cuenta. Entonces, instalo mis ojos en la puerta del ropero, levemente corrida, pero la habitación no me dice nada. Lo único real es que la abuela sí está. Y Amadís no está, ni siquiera su llanto. Amadís ha extasiado, seguramente, su mirada sobre el infinito de ese corredor, en mi búsqueda, pero no me ha encontrado. La noche comienza a acosar, y la ciudad pronto se iluminará completamente, como el día que acaba de pasar, como si todo lo ocurrido hubiera sido un acto de ilusionismo puro. Me estremece la tentación de despertar a la abuela, pero me detiene su semblante, en realidad, lamentable. Luce agobiada. Pienso en lo triste que resulta comprobar que, cuando más niña, papá me encomendó a su cuidado y soy yo quien ahora custodia su sueño, que parece eterno y que aumenta a medida que pasan las horas, como si para ella el tiempo viniera cargado de prórrogas. La abuela duerme más cada día y no puedo culparla. Ella hace lo que puede o lo que su conciencia le dicta que puede, lo que sus piernas rotas y forradas en yeso le dicen que haga. La abuela no siente sus piernas, desde hace tanto tiempo.

Me han dicho: "Nos iremos cuando la abuela camine", como si su vida estuviera en las piernas, cuando yo sé que está en sus ojos. Ahora les pregunto: "¿No han visto los ojos grises de la abuela?" En los ojos que no quiere abrir está la vida misma.

En la pantalla del televisor, un tornado con nombre de mujer cruza las costas del Caribe. Las noticias dicen que Johana arrasa cuanto encuentra a su paso. Yo digo que la enfermera se llama Johana. Ella tiene que llamarse Johana. No tiene cara, sino apenas carácter para llamarse Johana. Se habla de palmeras desprendidas de raíz, automóviles volcados por la fuerza del viento, casas destruidas, pero no dicen si hay niños o cachorros, o ancianos muertos. Los presentadores de noticias hablan en inglés, pero sus gestos son extraños, su cara no es de acontecimiento de niños muertos o de hombres desaparecidos y mujeres que lloran la tragedia. Por el contrario, parecen alegres con lo que dicen aunque, la verdad, debo confesarlo, tampoco se están riendo. Su único gesto horrendo es cuando anuncian una imagen que repiten una y otra vez y que muestra a las gentes corriendo, perseguidas por el ojo del huracán que viene de atrás hacia adelante.

Afuera llueve. Por un momento alcanzo a imaginar que Johana está ahí esperándome, o se aproxima con su furia hacia la puerta para entrar sin avisar y llevarnos a la abuela, a Valentina y a mí, porque, como dije, Amadís ya se ha ido. Me dolería mucho que un tornado viniera a interrumpir el sueño profundo de la abuela y a provocar el salto brusco de sus inmensos ojos grises en los que oculta un par de cataratas que, a veces, retienen sus lágrimas que no parecen humanas. Son lágrimas de virgen anciana, son lágrimas que van con su edad pero no con su temperamento, porque la abuela tiene de todo: bondad, buen sentido del humor, soberbia y hasta es capaz de dar amor, pero no renuncia nunca a lo que dice o hace. Ahora mismo estoy viendo su vigor aferrado a esa silla donde duerme, pese a la palidez de su rostro. La realidad de la calle y de la ciudad donde ella y yo estamos sumergidos me indican que si el problema de los habitantes de la costa es el tifón del Caribe, el de la abuela consiste en no hallarle límite al abismo de su siesta, y el mío radica en Amadís, quien perfectamente puede haber ido a parar a la panza de un lobo que acaba de escapar del circo de Moscú, que visita a Bogotá por estos días, según ha dicho la televisión. El circo trae, entre sus muchas atracciones, auténticos osos siberianos y payasos moscovitas y a una mujer invisible a quien llaman Adriana, la Maga, capaz de hacer desaparecer hombres y edificios enteros, y, por supuesto, aquel lobo feroz. Puedo imaginarlo paseándose por el ruedo, haciéndose el desentendido con el bozal puesto, para que no vaya a morder a algún espectador, aplaudido, el miserable, haciendo fieros de que lo han amaestrado muy bien, cuando no es más que un vulgar lobo tragón, como los dos hombres que entraron en la habitación de la abuela no eran más que vulgares cazadores de perros. Ahora, estoy segura de que, escapado del circo, los primeros en ser atacados serían los perros callejeros y, en este momento, Amadís no es más que un perro callejero. "Lobo andariego escapado de un circo se alimenta de perros callejeros. El furioso animal es perseguido por agentes especiales de la policía metropolitana. Las autoridades recurren a domadora del circo para que persuada a su cachorro". Estas serán las primicias que transmitirá, de un momento a otro, la televisión, de nuevo ocupada en el destino de Johana como la intrusa devoradora, y hay lugar para mostrar descargas eléctricas sobre las calles inundadas de ciudades en tinieblas.

La modorra de la abuela continúa sin límites. Ya no es notoria la respiración, aunque su boca permanece abierta exhibiendo hasta lo más profundo de aquella caverna bordeada de dientes amarillentos, testimonio de su gran vida de fumadora empedernida. Mi pobre abuela, así lo deseara, no podría salir a auxiliarme porque la invalidez de sus piernas se lo impide. No es indispensable salir corriendo, abuela, pero sí se hace necesario atravesar la ciudad yendo de paradero en paradero, de estación en estación. Es preciso ir de calle en calle hasta encontrar a Amadís. Si salgo en su compañía, en estas circunstancias pareceré una desdichada que, en vez de estar a esa hora en clases en la escuela, ha sido tomada como lazarillo por su inútil abuela en esta ciudad llena de desocupados, de mendigos. "Vieja descarada". "Sí, pobre niña". Sería injusto, además, interrumpir la modorra de la abuela, pues, en ciertos momentos, me inquieta ya que su apariencia es la de una criatura recién nacida a quien no se le conoce ni el color ni el tamaño de sus ojos porque no los ha abierto desde que vino al mundo, a sabiendas de que los de ella son inmensos y grises. Quizás a esta hora Amadís ya habrá sido víctima del lobo moscovita y recorrerá las breñas del vientre depredador, que son las tripas ruidosas, sin que nadie le haya dicho nada, consciente, eso sí, del peligro que corre pero resignado a su aventura.

Mientras yo analizo que no tiene sentido acabar con el hechizo de la pesadilla de la abuela, quien no consigue deslindar realidad de fantasía, las noticias dicen que la tormenta que afectó al Caribe ya culminó. Mejor dicho, es evidente que Johana ha muerto.

La pantalla del televisor muestra solo los estragos. Ni con la muerte de Johana la abuela ha vuelto en sí. Desde cuando la abuela inició este juego horrible de su sueño, que ya no me está gustando, he tenido que congeniar con la repugnante presencia de sus cosas en la habitación, y de su alma ausente, y con la silla en que se sienta, que se mueve sola sin parar un solo instante. La continuidad de esa sombra que todavía es la abuela y que escucha a los actores de la televisión con la luz apagada y oye las tragedias que suceden me está matando más a mí que a la propia abuela. He tenido que soportar la ausencia de mi pobre Amadís, que me batía la cola cuando entraba en la habitación sin que yo lo hubiera llamado, y este enorme pasillo donde habitan sus pasos suaves y nuestras voces cuando jugábamos con Valentina al titiritero, como si los tres fuéramos niños, y los hacía reír cuando sacaba las voces chillonas o roncas de mi garganta en la robusta ausencia de la enfermera alejada de estos actos porque simplemente detestaba nuestras risas.

No me queda entonces alternativa distinta a la de confirmarle a todo el hospital que la abuela ha sufrido un ataque de histeria que la dejó, así, postrada en una silla de ruedas, como ella misma decía. El propósito es claro. Alguien acudirá en mi ayuda a consolarme con su voz en el inmenso silencio de la habitación mientras vienen los médicos. En seguida surgirá una presencia que pronto será un tumulto. Hasta la enfermera que sueña con aquel médico vendrá con su eterno vestido blanco y su suéter azul de mandamás que la hace ver como una monja directora y no como una jefa de enfermeras. Y, entre todas esas personas, no solo habrá una sino muchas que me compadezcan. Todas me abrazarán como si de veras yo fuera la única huérfana del mundo, la huérfana de todas ellas. Y todas hablarán de la muerte pero nadie la mencionará directamente a ella, no, porque estimarán que la abuela era un secreto en sí misma. Yo, que he tenido la fortuna de ser una titiritera, fingiré unas cuantas lágrimas. No diré que de ella conservo los recuerdos de cuando era más niña. ¿Cómo olvidarlo? No lo diré. Ofreceré una función gratuita en el teatro de la habitación sin que nadie caiga en la cuenta, la función gratuita de mi propio llanto. Cuando haya armado un gran bastidor detrás de mi cara y haya aleccionado a Valentina, apenas con mirarla, sacaré del maletín de bien adentro, que es mi alma, a un títere bien tierno, que conmueva y, cuando todos estén pendientes de mí, y solo de mí, pediré que apaguen la luz de la habitación y le corten la entrada a la que viene de la calle por la ventana. En seguida, aparecerán por encima del bastidor mis dos mágicas manos tomando por el cuello a quien yo he querido que esté más cerca. Y de mi garganta brotará una voz dulce que dirá directamente a su oído que necesito que me auxilie para salir del hospital. "¿Qué dice la niña?", preguntarán los demás. "No, nada, nada", dirá quien, a partir de entonces, ya se sentirá obligado a ser mi cómplice en el plan de fuga.

He estado observando a uno a quien le dicen Teotiste. Es el peluquero del hospital. Anda de tarde en tarde, por ahí. Me causa miedo su presencia pues tampoco puedo olvidar que en uno de sus tantos arrebatos de noches de luna llena vino a la habitación a saber cómo estaba la abuela, montando un caballo y me contó la historia de aquel día cuando algunos niños de su barrio le gritaron: "¡Loco!, ¿querés kirika?" No quise averiguar qué cosa era kirika. Me bastó saber que le ofendía. Luego, reunió a todos los niños en la tienda de la esquina para ofrecerles gelatinas y confites. Los encerró durante un largo rato, casi un juicio, mientras indagaba quién era el autor de aquel grito, ¡Teotiste!, ¿querés kirika? Sentí el peso de sus dedos sobre mi cabeza, como si un conejo se hubiera posado en ella con la intención, no muy clara, de jugar o fastidiarme. Ese día, dijo Teotiste, descubrí que la hijita de la maestra del barrio no podía ser la culpable del despropósito, la exoneré de toda culpa y la dejé en libertad, ante la mirada perturbada de sus pobres amiguitos prisioneros.

Esta noche, me hice a la idea de las manos de conejo de Teotiste sobre mi cabeza. Aguardo su voz ronca en la oscuridad. "Claro, niña, ¡vayamos en mi caballo a librar a tu perro de las garras de aquel lobo tragón!" "¿Acaso crees tú que ya pasó la época de los grandes caballeros?" "Recuerda mi lema, niña: Martín

Caballero sin patas ni manos, más corre ligero". Yo interpretaré el zumbido de su voz en mis orejas como una necedad más de Teotiste, valga decir, como una más de sus locuras sin ignorar que sus andanzas son famosas en toda la ciudad en la búsqueda de cachorros perdidos.

Pero, esta noche veo que el loco, mi cómplice, es el gran ausente. Es Johana, la enfermera que yo digo que tiene cara de llamarse Johana, como el huracán, la que está a mi lado, y ha prohibido, terminantemente, que apaguen la luz. "Amadís no era más que un pulgoso", me dice con su mirada. Y agrega: "Debería dolerte más el estado de la abuela que la desaparición de ese perro miserable", cuando yo pienso en que la justa medida de las cosas es todo lo contrario. La abuela ha vivido lo suficiente, mientras que Amadís apenas comenzaba a hacerlo. En realidad, se trata de que el hospital preste una de sus ambulancias, y por unas horas a su chofer, para ir hasta la estación y dar aviso en el programa de los niños extraviados, no importa que respondan que yo soy muy linda, pero ilusa, que si acaso voy a creer que en la tele hay lugar para los perros perdidos, que aquí el único espacio es el de "Los niños buscan su hogar", y que aquí no te vamos a hacer caso simplemente porque eres una niña. Se trataba de eso, nada más.

Aquella noche sentí cómo la soledad y la incomprensión me obligaron a refugiarme de nuevo en mis pensamientos, en Valentina, y en el cuarto penumbroso donde la abuela dormía su interminable siesta mientras la gente del hospital, también ociosa, miraba, muy entretenida, la televisión. Fue ese el día cuando sentí, por primera vez, deseos de cortarme las venas y atacar a cuchilladas a todo aquel que intentara impedírmelo.

HAN VUELTO LOS SEÑORES DEL ICBF

Día Once

Walkir, tengo miedo. Aún no te conozco, pero te digo que tengo miedo. Busco refugiarme en tu cuerpo y no lo encuentro. Sé que existes, Walkir, en algún lugar del universo, pero no te quiero porque no estás conmigo en el momento en que más te necesito.

He vuelto a encerrarme en el armario. Ignoro lo que persiguen esos señores del Icbf, pero sé que debo esconderme. Escucho sus voces en el pasillo. Es posible que este no sea precisamente el lugar más cómodo, nunca lo ha sido, pero es el más seguro. Creo que ya he dicho que, a veces, los lugares más obvios son los mejores escondites. Dentro del guardarropa, un espejo recibe la luz de la habitación de la abuela, sin la abuela. Mejor dicho, la abuela sí está pero es como si no estuviera. Me miro al espejo, y lo cubro con el vaho de mi respiración. Lo limpio con un puño del abrigo de la abuela, la única prenda que hay en el ropero. Es de cachemir el sobretodo de la abuela, el mismo que tenía puesto en la noche azul en Calamar cuando zurcía calcetines y leía un libro, el mismo con el que llegó a la ciudad, el que ella misma me ordenaba que tendiera sobre su cama blanca de hospital en las noches frías de Bogotá, el mismo con el que yo amanecía cubierta cuando me dormía a los pies de la abuela y no en el sofacama. Es un abrigo negro, como debe ser todo abrigo elegante, de pelusa fina, que parece la piel de muchos gatos o la flor de los cuatro vientos que abunda en el campo y en los techos de las casas viejas, y en los surcos de las aceras de la ciudad, y que uno sopla y se deshace, o la cabeza de muchos hombres que están entrando en canas. Es un abrigo yerto, a pesar del material del que está hecho. Yo estoy detrás de él, y él se calienta un poco cuando respiro. Puedo comenzar a percibir su aroma y su calor. Detengo la respiración porque he escuchado a los doctores conversando con los señores del Instituto. En realidad, no conversan: cuchichean. Se siente el masaje de sus zapatos de goma sobre las baldosas brillantes.

Chispitas Mariposa, recuerdo que así se llamaban las luces de bengala que encendíamos cuando llegaba diciembre, casi todas las noches desde la mitad del mes, desde el día 16 hasta el 24, durante la novena al Niño Dios, mientras las mujeres cantaban villancicos. Hoy trato de localizar el orificio que abrí, "tantos años atrás", con la punta de una de esas luces en el abrigo de la abuela. "Retira esa luz, niña" "¡Katina! ¿No oyes? Retira la luz que estás quemando a la abuela". "Que vivan las navidades", decía yo.

"¡Katina! ¡Por Dios!" Y ella sacudía el abrigo como quien aparta las gotas grandes de lluvia de encima de una prenda de vestir, a sabiendas de que seguirá mojada. He localizado el orificio y mi dedo meñique cabe en él. Parece un ojal abierto justo a la medida de mi dedo. ¿Cuánto habrá crecido mi dedo o cuánto el orificio desde aquellas navidades? "Katina, niña, estás castigada". "Vete a tu cuarto y no salgas hasta cuando se te avise". Las palabras de mi madre suenan a conteo, como alistándose para el juego de las escondidas. Diez, nueve, ocho, siete… uno. Puedes salir, Katina. "Ya puedes salir". Me producía risa, pero de todos modos, obedecía. Cuando estaba encerrada en la habitación, escuchaba cómo mi madre y la abuela celebraban el acontecimiento como un chiste: "Yo le decía: "Quieta niña. Retire esa luz del abrigo de la abuela". "Mira que vas a quemar a la abuela". "Katina, estás quemando a la abuela". Y ella: "Vivan las navidades, vivan las navidades"". "¡Qué insolencia!" "Es una niña". "Una niña desobediente". "Ja, ja, ja…", reían ambas, "ja, ja, ja… ja", a carcajadas.

–Chiss, chiss, chiss.

–Ñu, ñu, ñu –el rastrillar de los zapatos de goma sobre el piso brillante del hospital.

–Ñu, ñu, ña –el paso de quien lo sigue.

–Ñu, ñu, ñu –otro paso que completa ese murmullo que intenta decir algo y que expresa muchas cosas. Es que los pies hablan. Hablan descalzos. Y con los zapatos puestos, blasfeman. Dicen cosas dulces cuando corretean detrás de alguien o algo que desean. Demuestran afán, o grandeza, o delirio. O están tristes, enormemente vacíos, debajo de una silla, o en la sala, o debajo de las camas, como si fueran pies solitarios o perdidos. "Sí, niña insolente", repite mi madre. "Mi pobre abrigo", dice la abuela. Mi dedo no ha abandonado el orificio porque quiere consolarlo. La punta del dedo rosado sobre el hueco solitario me horroriza y me duele, me calienta, me está apretando demasiado. Mi dedo meñique se ha puesto rojo, muy rojo, y mi mano está cansada. Se ha detenido la circulación de la sangre, y el abrigo cae bruscamente sobre mi cabeza. Oigo de nuevo los pasos que ahora son un poco más apresurados. Son pisadas cortas y, por lo mismo, perseverantes. Parecen una campanilla arrastrada por el cuello de un animal. No son las huellas de un solo hombre o una solitaria mujer: son muchos pasos diminutos, pero en bullicio. Parece que cargan algo muy pesado o incómodo. He quedado completamente cubierta por el abrigo de la abuela, que está frío pero me asfixia. Ha perdido su calor pero sofoca. No tiene vida pero respira profundo sobre mi cuello. Un par de babuchas, que parecen conejos comiendo, sobresalen de la parte inferior del abrigo como si fueran mis pies.

–Ñu, ñu, ña –repiten los zapatos de goma de hombres y mujeres en tropel que se movilizan dentro de la habitación de la abuela. Creo que han designado un batallón para encontrarme, porque escarban, pero no se les ha ocurrido buscar en el armario. Si llegasen a abrirlo, encontrarán a una señora imaginaria, de la edad y el tamaño de la abuela sentada, en cuclillas, como corresponde a un viejo que trata de soportar el frío de la calle en una acera cualquiera. La imagen aparecerá terrorífica en el espejo, y quienquiera que abra la puerta la cerrará enseguida y dirá a todos que en el armario no hay nada. "Nada, de verdad". "¿Seguro?" "Completamente". Tan solo un viejo abrigo y unas pantuflas de peluche. "Nada". Yo comprobaré, entonces, que el Día es un payaso que se viste con los zapatos de la noche y la Noche, una señora muy fea, astuta y arrugada que otra vez ha sido mi cómplice. Aun en la oscuridad fue mi cómplice.

He planeado escaparme del hospital, ir hasta las afueras de la ciudad, a la colina, a las ladrilleras. Sé que allí están las ladrilleras porque desde mi ventana he visto el humo. Me instalaré muy cerca del horno donde se cocinan los ladrillos, a escondidas, por supuesto, recibiré el hollín de aquella quema, ¡hum!, lo aspiraré durante largas horas, quizá una tarde entera, hasta cuando las luces de Bogotá se enciendan, y esperaré tranquilamente a que llegue la noche, la recibiré, la veré posarse sobre mí, volverse oscura sobre mi cabeza, descalza sobre la yerba mojada. Mientras la noche se acomoda en una nube que le sirve de colchón, yo dormiré. Al día siguiente, dirán que una niña murió asfixiada por el humo: "Tenía nueve años",

"¡qué horrible!" Pero nadie sabrá que fue plácidamente en la tibieza de la noche y con los pies desnudos.

Tengo tos. Siento carraspear mi garganta y, de repente, mi voz se ha vuelto ronca como la de un títere viejo. Quiero agua. Tengo sed. Mis ojos están enrojecidos. Lo sé, porque los siento húmedos, llorosos, pero sin una lágrima. Sigo tosiendo, y el frío aumenta aquí arriba en el promontorio, quiero decir en la montaña de ladrillo cuya cresta es esta azotea.

Walkir, siento miedo. Diez años después, siento miedo, y tengo un fuerte dolor de cabeza.

SACAN A LA ABUELA Y NO SÉ A DÓNDE LA LLEVAN

Día doce

Los paneles solares parecen ataúdes de cristal. Están puestos en hilera a un lado de la azotea. Un zumbido rompe el silencio de esta tarde porteña. Es un ventilador que se apaga y se enciende, como si alguien estuviera jugando con él, escondido en algún lado. El resto de la azotea está desocupado. No sé cuánto tiempo ha pasado y nuestra cita se acerca, Walkir. Aun mantengo la rosa en mi boca.

Me lanzo sobre la cama solitaria de la abuela, destendida, tibia, con olor a pereza. Estoy mirando al techo del último piso del ala izquierda del hospital. Es un techo falso, con láminas salpicadas de granito, que deja colar el sonido de la lluvia. En esta ciudad llueve mucho, pero a mí me gusta que llueva. Que llueva. Una gotera golpea en algún rincón de la habitación. He seguido el recorrido de varios hilos de lluvia y encuentro uno que, después de retorcerse como un río por las ranuras de las láminas, se desliza por la pared y va a rodar por la ventana. Otro cae directo del techo al piso sin compasión, sin tregua. ¿Y la gotera? La gotera está en el oriente, al lado derecho de la cama. Va a desplomarse allí, porque algo inesperado, brusco, interrumpe su curso apenas a mitad de camino –supongo que debe ser el trazo de una araña–, y la obliga a quebrarse, a abandonar el techo y caer casi rendida a los pies de la cama de la abuela, produciendo un sonido tonto de salpicadura. Entonces me levanto, busco el pato de enfermo de hospital que está justo debajo de la cama, en la mitad, hacia la izquierda, del lado de la ventana, cerca de la escalerilla donde el paciente debe poner los pies cuando va al retrete y regresa y se acomoda de nuevo en el catre. Arrastro el vaso de noche, la mica de orinar, y lo dejo donde caen con insistencia las gotas de lluvia, una eterna e intermitente gota de agua. De inmediato, la gotera adquiere vida, sonido propio. Correteo. Vuelvo a acostarme para escuchar esa campanilla, el agua hecha música a mi oído, convertida en una nota egoísta y dulcemente fastidiosa, solo para mí, mientras contemplo las rayas amarillentas de otras aguas, cicatrices de aguaceros de otro tiempo. Ellas, alguna vez solitarias, fueron, también gotera.

Estoy cruzada de brazos sobre la almohada, boca arriba, los pies también cruzados, contemplando esos trazos en el techo. Veo la cara de una vieja que me mira disgustada, que se cree la dueña del mundo. Su cabello se refunde dentro del moco de un elefante que aplasta a un enano acostado. Se le nota que es enano por su barba y el arco que describen sus piernas. Se cree un príncipe muerto, porque esgrime una sonrisa como si fingiera dormir con ese gorro detestable que usan todos los enanos. El gorro es, a la postre, la mitad del ala de un hada perversa. Busco la otra mitad afanosamente con mis ojos, pero no la hallo. Digo que el hada es perversa, además, por su mirada. De verdad, creo que es la bruja disfrazada de hada. Se le nota en las uñas que, en realidad, son las acolchadas manos de una tigresa que tiene la cara y los ojos tristes porque hace días, y días, que no prueba bocado y su cola es la melena de un león que la huele.

Un torrencial aguacero se desata sobre la ciudad y el techo se estremece. Llueve granizo que, para mí, es agua condensada y luego nieve atrapada en las calles y avenidas, y en los tejados, llueven también rayos que se dibujan en la ventana. Pienso que más tarde voy a levantarme, y veré llover, y detendré mis ojos sobre los prados blancos y los techos de las casas blancas, y las capotas blancas de los automóviles.

Me detengo en una de todas estas figuras, nubes amarillentas en el cielo raso: el enano mana agua por el ombligo. Su barriga, hacia el techo, expulsa un chorro que, cuando se dispone a elevarse, cae. Me recuerda a un pequeño duende instalado en el patio de mi casa en Calamar, que orinaba a cántaros en el invierno, como si el frío en verdad alimentara sus riñones de piedra. Desde el diminuto pene que es el ombligo del enano, como si fuera un cordón umbilical de niño recién parido, se descuelga el chorro de agua lluvia que, luego de un trayecto que parece el cuerpo de siete serpientes unidas por la cabeza y por la cola, se convierte en gotera.

–Cloc.

Es una gota gruesa, que parece la pisada de un gigante en una cueva. El gigante viene de lejos y busca a alguien.

–Cloc.

Sabe que en este lugar hay vida. Alguien respira, a plazos, tímidamente, pero respira.

–Cloc.

Yo alcanzo a adivinar el recorrido de la próxima gota con mis ojos, desde la panza del enano hasta cuando cae a la mica de orinar.

–Cloc...

Deja un eco. Ha atravesado el techo, desde un rincón, en dirección de los pies de la cama de la abuela, pasando por la casa de una indefensa araña que se ve alcanzada por la avalancha que entra por un lado y sale por el otro, como por un túnel en una pompa de jabón, movediza y que, sin embargo, se mantiene en pie, temblorosa.

–Cloc...

Traspasa montañas y valles, y trae arena del desierto impregnada en sus botas. Enturbia el agua.

–Cloc/cloc/…

Es el paso de una bestia que se acerca. La niña contiene la respiración para no ser descubierta.

–Cloc/cloc/cloc.

Y la telaraña se resiste ante la corriente como casa de paja en vendaval.

Luego, parece que me quiere decir algo. Me llama. Sabe mi nombre, y lo utiliza para llamarme.

–Cloc/Ka

Lo escucho con claridad.

–Cloc/ti

Con toda nitidez.

–Cloc/na

–Cloc/Ka–cloc/ti–cloc/na

–Cloc/cloc/cloc

–Ka/ti/na

No siento miedo, amiga gotera, barriga de enano. Solo me fastidia tu procedencia. Creo que son los jugos gástricos de ese hombrecillo. Me duele la suerte de la triste araña que en el momento no se encuentra en casa pero cuando llegue medirá la catástrofe e intentará reconstruir la vida, una red donde ella pueda atrapar insectos y moscas para comer.

El ciclo se repite. Los pasos del caballo de la bestia son más apurados. El enano vomita cada vez más por su apestoso ombligo.

–Cloc, cloc, cloc/Ka, ti, na

–Ka, ti, na

–Katina

Ahora ya no es solo mi nombre. Es una frase que no puedo descifrar, pero es una frase completa, sin nombre.

Diez años después descubro que esa frase imperceptible eran muchas frases, en ese momento ultrajantes, hoy desnudas y abiertas, francas.

–Hija del Viento

–Niña malcriada

–Desalmada niña

–Maldita niña

Al galope de un caballo que se aleja con los cascos mojados, iban saliendo las palabras.

Afuera llueve a cántaros. Hay rayos y centellas en la ventana, nieve en las montañas y en el parque, en las copas de los árboles y en los techos de las casas. Se escucha el ulular de los automóviles.

¡Cómo ha cambiado mi nombre!

–Cloc/Ka

–Cloc/ti

–Cloc/na

–Cloc/Ka

–Cloc/ri

–Cloc/ti

–Cloc/na

Así me llamaron luego cuando llegué al albergue. Fui "Karitina" por varios días más.

–Cloc/Ar

–Cloc/Ari

–Cloc/Arit

–Cloc/Ariti

–Cloc/na

–Cloc/cloc/cloc/cloc

–A/ri/ti/na

Así me llamo ahora. Soy Aritina. Y Walkir me dice Ari.

HE VISTO SOLDADOS PEQUEÑOS, Y UN CARRUSEL DE CABALLOS

Día trece

–No pongas esos ojos, Valentina.

–Que no tienes otros. Ya lo sé.

–…Pero, los abriste como si hubieras visto un espanto.

–¿Cómo va tu brazo, niña? Si no te cuidas, pronto se te va a caer…

–Dices que mejor, ¿verdad? Cuídalo, porque no es tu brazo. Es prestado. Recuerda que los médicos te operaron y te hicieron un injerto de otra muñeca. Y con lo prestado ya sabes qué pasa, Valentina.

–Dices que no es así, que ellos te lo regalaron y no te van a pedir que lo devuelvas. ¡Bueno, allá tú!

–¿No te sientes cómoda?

–¡Ah, no, Valentina! Sentirse cómoda con brazo ajeno es muy difícil.

–¡Basta de discusiones, Valentina! Te cuidas, y punto. Y deja de poner esa cara de niña regañada.

–Alguien está equivocado, Valentina: son esos niños vestidos de soldado, o esos caballos con los ojos saltones y cara triste que parece que van a llorar y dan vueltas y bailan sin danzar, en una sola posición, con una mano levantada, mientras suena la música que sale de un gran cofre de oro.

–¡Ah!

–¿Que quiénes son los niños?

–Hijos de los generales, supongo.

–Todos estos creen que no nos hemos dado cuenta de dónde estamos, adónde nos han traído. Nos creen tontas, Valentina.

–No, señorita, no tengas miedo. ¡Eso sí que no!

–…Recuéstate contra mi pecho y no vayas a llorar, porque dejo de alzarte y te pongo a caminar.

–No es una amenaza. Es Amor.

–Sí, señorita: a–m–o–r.

–Ahora, busca entre tus recuerdos uno que se parezca a la valentía.

–Al pudor –decía la abuela–. Échalo a rodar. Si se va, déjalo. Y si se resiste al precipicio quiere decir que sí servía, como frazada solamente.

–¿No te parece haber visto algo similar, alguna vez?

–Sí… cuando eras más niña…

–¿Viste un niño vestido de payaso?

–¿Acaso tú crees que los disfraces son cosa de adultos?

–Sí, de acuerdo. Hay disfraces de disfraces. Una cosa es estar vestido de soldado y otra, de payaso.

–¿Y qué, de esos seres inmóviles? El carrusel de caballos. Sí, señorita. Yo he dejado de quererlos porque se ríen de mí, dan vueltas sin marearse y tienen la silla dura. No niego que galopan deliciosamente. Nos llevan sin destino fijo y sin saber cuándo van a parar, mientras cerramos los ojos y soñamos en la llanura y en el desierto. Cuando despertamos, ya se han detenido y las luces de la ciudad se han encendido.

–¿Te has fijado en una cosa, Valentina? Ese carrusel no ha dejado de girar. Y no tiene jinetes: solo un tablero de espejos donde se reflejan los cuerpos desnudos de los pobres animales, su marcha a través de un lugar sin horizonte, un tropel con soldados invisibles que juegan en la pradera.

–Los hijos de los generales se han ido y nos han dejado solas, Valentina.

–¡Que apuremos el paso, que corramos!, ¿qué sentido tienen tus afanes, mi pobre niña, si la prisa también tiene fin? Corre el viento hasta aterrizar en el Sur, entre la nieve que no conozco, pero supongo que allí va a estrellarse el viento, contra las montañas cuando está cansado, se sienta a esperar la lluvia, y se vuelve blanco, y se vuelve roca. El viento es cálido en aguas del Norte, en la grandeza del Atlántico, cansado de subir en busca de la costa, de la sierra, de los nevados.

–¿Que por qué digo todas estas cosas? Valentina: por allá debe ir la abuela, flotando en medio de la bruma. Siempre me imaginé que ella volaba, como las brujas, con su huso y sus agujas, y un libro entre las manos, hasta la parte más alta de un edificio. Y sentada, leerá. Después de varias páginas, una puntada más en su tejido, y tocando su telar como un arpa, desaparecerá en la confusión de unas luces fantásticas como en los fuegos de la noche azul que nos trajo a esta ciudad. Siempre imaginé que la abuela tenía algo qué ver con la torre de colores.

–¿Que de cuándo acá se me ocurren esas ideas? Surgen de tu cara expectante, de tus ojos siempre abiertos, de tu sonrisa tímida cuando te hablo, cuando te miro, cuando acaricio tu piel y tu pelo, cuando reclino tu pecho indefenso contra el mío frágil, oprimidos los dos por el peso de nuestros temores, nuestras emociones, o la gracia de nuestras risas cuando hacemos una chiquillada.

–Tengo ansias de gritar, Valentina, pero no puedo.

–Grita tú. A todos, diles que por fin estamos solas y podremos hacer lo que nos venga en gana, lo que nos gusta. Pero tenemos un nudo en la garganta. Tampoco somos una multitud. Nos asfixiamos. Tú y yo somos suficientes, capaces…

–¿De qué?

–De algo y de todo. Somos capaces…

–¿Amadís?, ¿me preguntas por Amadís? Amadís debe estar en la panza de aquel lobo tragón, por culpa de la abuela, de la enfermera esa, Johana, y de todos los de este puerco hospital. Yo sabía que, cuando los inmensos ojos grises de la abuela se ocultaran, el mundo cambiaría por completo.

–¿Y tú? Deja de mirarme de esa manera para reprocharme como si yo fuera la culpable de cuanto pasa.

–¿Y yo? Por ahora no importa quién soy yo, sino lo que tú y yo vamos a hacer. Hay cosas de las cuales hablaremos otro día.

–He reconstruido nuestro diálogo de hace diez años lo más fiel que he podido.

–Espero no haberte defraudado, Valentina, ahora que descansas silenciosa en mi regazo. Tantos años después, tú no has cambiado.

–Duerme, nena, duerme. Aún nos queda tiempo, tanto tiempo.

LOS SEÑORES DEL INSTITUTO ME LLEVAN A UN PARQUE MUY GRANDE, PARA CONTARME LO QUE LE SUCEDIÓ A LA ABUELA

DÍA CATORCE

Tratan de hallar una explicación a la cama vacía, como si las camas vacías no hablaran. Quieren encontrarle una justificación a la ausencia. Se preguntan qué otra explicación puede tener una cama vacía sino la ausencia, el calor y el frío de quien se ha ido. Me creen tonta. Ellos saben que las camas vacías cuentan todo, hablan del fastidio y del amor de la abuela, de nuestros reproches silenciosos, nuestros juegos cifrados en palabras sueltas, solitarias, que no alcanzaron a ser muchas veces oraciones completas. En ocasiones, no eran siquiera un verbo, bellos y escuetos sustantivos tal como los aprendí en la escuela.

–¿Quieres que te haga uno? –me dice el hombre que ha ocultado su bata del Icbf en su maletín de médico.

–¡Un avión! –le digo yo con la mirada.

–Sí, con hojas de papel periódico vuelan más lejos, cuando no hay mucho viento –explica, esmeradamente.

–Sí –he dicho con la cabeza, sin dejar ver el brillo de mis ojos, y mi deseo.

Toma el periódico, un tris amarillento, rastro del sol de la mañana, y corta hojas y palabras al azar.

–"Diálogo entre extremas" –alcanzo a leer, sin comprender nada, antes de que la página se doble entre los dedos blancos y sus uñas cortas y brillantes.

–¡Ya! En un minuto estará listo –dice, haciendo el último pliegue de lo que, sin duda, tiene un asomo de vida.

–¡Vamos!, ¡lánzalo!

Yo lo he lanzado como quien eleva una cometa sin hilo, y el avión vuela arrastrado por el viento, suavemente, hasta posarse en la copa de un árbol. Miro los ojos del hombre y le confirmo mi torpeza y desencanto, y él me responde con palabras:

–No te preocupes. Haré otro.

Encima de sus alas, atravesándolas, incrustada entre su cuerpo ha quedado otra palabra, una palabra que habla de una noticia. Está en letras grandes de molde y apenas se ven sus extremos: In.../...te. No me ha resultado difícil descifrarla, porque además de mi habilidad para descubrir palabras incompletas, una "O" se insinúa en la parte que, se me ocurre, es el vientre del avión, y otra asoma su nariz en el sitio donde se quiebra el ala derecha, como cuando un insecto se agarra a una superficie con la intención de treparse, una cucaracha negra que sube por el borde de la cama con la firme decisión de meterse entre las sábanas blancas. Es la ene. Ino.../...nte. Solo dos letras más son posibles en la lógica de este juego que ha comenzado a agradarme: la "C" y la "E", las dos juntas para completar la palabra.

Aquella palabra era inocente, y mi nuevo avión la llevaba sobre su cuerpo liviano, rumbo al espacio.

–Ya está –dijo el hombre.

He tomado el avión en mis manos. Estoy parada sobre la banca del parque y lo lanzo con suficiente fuerza. El avión ha caído en un bote de basura donde se posaban las moscas que han perdido su sitio de reunión.

–¡Déjalo!, se ensució –dice el hombre que fabrica los aviones, y se dispone a confeccionarme otro, mientras su compañero chupa impaciente un pequeño tallo de yerba tomado de cualquier rincón del parque.

Una avispa
común, laboriosa,
como son todas ellas, se posa
en la raíz de un viejo árbol, a
construir su panal sin miel. Su cuerpo amarillo, cruzado por franjas negras y sus alas intensas y resplandecientes, me hacen pensar en las dificultades que tendrá para volar más alto, y creo que es feliz, quizá menos que las mariposas y menos que los pájaros.

–Voy a hacerte uno que vuele alto –me ha dicho el hacedor de aviones. El otro lo mira, con la paja en la boca, como interrogándolo. ¿Vamos a decirle la verdad a esta pobre niña, o no? Le dices tú o le digo yo, pero hay que decírselo. Él le responde, también con los ojos: Espera.

Mi fabricante de aviones no le ha dado importancia a lo ocurrido con la abuela. En cambio, toma una hoja de papel delgado pero resistente, arrancada de una agenda de notas personales que guardaba en su maletín de médico, totalmente blanca, y con sus ágiles manos puestas sobre la misma cubierta, encima de sus piernas sostenidas por sus pies en puntillas, comienza a armar un extraño modelo que parece un sapo extasiado fuera del pantano, pero resulta ser un formidable avión de guerra.

–¡Si hasta tiene tren de aterrizaje, mira! –me dice, animado y señalando lo que yo había confundido con las patas del sapo. Consistía en unos dobladillos finos en los cuales quedaron marcadas la magia y la destreza de sus uñas. Le da los últimos retoques, lo toma entre la yema de sus dedos, y lo lanza al vacío para que describa elegantes curvas y ondulaciones similares a las de una mariposa.

–No te gustó, ¿verdad? –dice–. Claro, eres una niña y no te gustan los aviones de guerra. Te haré uno que vuele muy lejos. Se llama "planeador de gran alcance".

Toma otra hoja, y comienza a repetir en voz alta:

–Plegamos por la mitad la hoja, en sentido vertical, doblamos las esquinas hacia adentro, nos aseguramos de que las puntas se encuentren en el pliegue central. Muy bien, Doblamos hacia adentro los laterales superiores. Los dos bordes deben coincidir con el pliegue central. Hacemos el doblez trasero. Ya está. Doblamos hacia abajo las alas, de modo que el borde externo coincida con el borde inferior del fuselaje. Y listo.

–Aquí tienes. Un formidable "planeador".

Me lo entrega en la mano, y dice:

–Tuerce hacia arriba la sección de la cola. ¡Hazlo, para

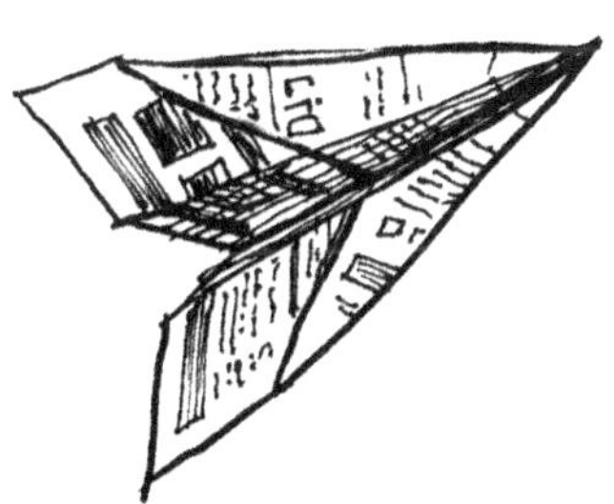

que el avión se eleve más! ¡Lánzalo! Suavemente. Un poco más arriba.

–¡Un poco más arriba! –repite.

–¡Espera, espera! –agrega.

Se va corriendo a un extremo del parque, y desde allí grita:

–¡Lánzalo!

Yo lo lanzo, siguiendo la instrucción al pie de la letra, suavemente, con la cola doblada, apenas con el impulso del brazo como quien deja que una paloma mensajera se desprenda de entre las manos. Él me lo devuelve y, antes de que yo lo lance otra vez, me dice:

–Quiero que mires bien ese avión.

Yo lo he lanzado con emoción una vez más.

Así jugamos durante un largo trecho de la tarde.

–Cuando era niño, yo jugaba hasta dejar el techo de mi casa cubierto de aviones –me ha dicho al finalizar el juego.

Una lluvia intensa de hojas secas, y otras a punto de marchitarse, comienza a caer sobre nosotros y sobre la superficie del parque, más delicada sobre el pasto, más brusca sobre el asfalto, y las hojas comienzan a corretear, persiguiendo unas a las otras, como mil escarabajos que caminan al tiempo, dando botes, vueltas enteras, en un solo sentido, a veces repulsadas por el viento.

–No es este un buen tiempo para los aviones de papel –ha dicho el hombre.

Se ha desgranado una tormenta de pétalos. Son las hojas sueltas de los árboles que planean sobre nuestras cabezas, pasan zumbando nuestros oídos, nuestro cabello echado hacia adelante por el remolino. Yo, así, delgada como soy, parezco quebrarme ante la ráfaga.

El otro hombre se ha adelantado. Saca una manta de la cabina de la camioneta en la que nos hemos transportado, y que también contiene las iniciales del Instituto, Icbf, letras verdes sobre un fondo blanco. La manta también dice: Icbf. Y me ha cubierto la espalda y la cabeza para ocultarme del viento.

Walkir, ¿has sentido alguna vez el frío que te quema la piel, el aleteo de un follaje sacudido por la brisa, mientras caminas por una senda llena de hojas amarillas y verdes sin estar descalzo pero como si lo estuvieras, sin flotar en el aire pero como si flotaras, como si no llevaras corazón entre tu cuerpo, pensando en todo y sin pensar realmente en nada, con el estómago flojo y el pecho duro, muy duro? Así caminé aquella tarde, empujada por las manos generosas de aquellos hombres.

Walkir: en esos instantes la piel se eleva. Somos plumas en galerna, aparecemos fuertes cuando la fragilidad nos toca y nos sacude en pleno vendaval, levitamos en una especie de morbosa complacencia. Nos agrada estar heridos porque sentimos rencor y entonces tenemos la posibilidad de ser héroes, de ser tratados como héroes sin serlo, porque los que dicen ser valientes no son valientes, porque no nos gusta sentir misericordia y, en cuanto descubrimos que todo heroísmo es mentira, somos capaces de odiar y de matar. Es necesario ser consciente de que somos héroes de barro o de papel, para sentir desprecio por nosotros mismos, lástima y, luego, perdonarnos, reconciliarnos en la felicidad del llanto.

Walkir: una cama vacía es una sola pregunta y muchas preguntas a la vez, una sencilla y compleja evidencia. Yo no sentí tristeza por la abuela; tal vez, nostalgia. Ella quería irse.

Walkir: tu nombre revolotea en mi cabeza y por momentos pierdo la noción de quién eres tú. ¿Eres el tiempo? No eres pasado y sin embargo veo tu cara borrosa, o simplemente no te veo. Cuando nos revolcamos en la cava sobre la sangre de las uvas pisoteadas por los hombres a propósito, y te siento dentro de mí, enteramente, en el hartazgo, no me importa tu nombre, Walkir. Walkir, no sé de dónde has venido ni quién eres, Walkir. Solo sé que me importas. No me importa que seas Walkir en el instante del deseo, y después del deseo te respeto y te admiro en lo subliminal de tu nombre pero no veo tu rostro. De hecho, no me interesa. Es una sensación de ausencia, de fragilidad. De repente, me siento inválida e imbécil.

Walkir, como los ojos de la abuela –grises, profundamente nítidos–, pero inútiles.

Walkir: no busco tu nombre ni en tu ser ni en tu vida. Busco en ti el refugio, el amor, el sexo, la protección, el calor vaporoso de tu cuerpo teñido de rojo; luego, te lamo y jadeo. Soy un perro celoso hasta cuando consigo llenarme de nuevo de rabia. Luego, te miro y te interrogo sin que tú sepas la respuesta. ¿Dónde está mi pasado? Estoy buscando detrás de los ojos de la abuela, en sus reflejos que son intensos pero mudos, pero ciegos. Me miran y no me dicen nada, como cicatrices que ya no duelen. Sigo buscando, tras su muerte, en la bondad de aquellos hombres que me protegen en el parque y me conducen no sé a dónde precisamente. Quizá siga indagando en ti, más que en tus palabras escasas pero firmes, en tu cuerpo duro y rojizo, tu cuerpo que es el zumo de las frutas caídas de la espesura sobre los escalones de un jardín incrustado en la colina, en el centro de una ciudad del Sur, donde hay góndolas movidas por poleas que se deslizan por cuerdas sobre la arboleda, bajo las nubes con forma de caras de viejo, aparentemente sin destino. Van a la estación, donde hay unos hombres de uniforme anaranjado y botas negras salpicadas de rojo sangre. Han pisado las uvas del parral del parque en una tarde que muere ruidosa, en lontananza, en aquella, precisamente en esa ciudad del Sur.

Walkir: tras ese fragmento de pasión, los enamorados fatigosos juegan a las sonrisas viajeras: el que voltea la mirada sonríe y el otro debe permanecer callado, un instante, como si sus labios risueños perturbaran, mientras quien ha lanzado la sonrisa se encarga de marchitarla en su rostro hipócrita y satisfecho, quien la recibe adormila sus ojos y expone otra sonrisa lenta, rebosante de nerviosismo, por supuesto fingida, para corresponder al otro que ya ha recobrado el tenso rictus de su cara. Y luego vuelve a sonreír el primero y después el segundo, alternadamente, hasta que se contagian en una sola risa, en una carcajada, libre pero engañosa. Jamás llegarán a saber de qué se ríen exactamente, exactamente como un par de idiotas. Es el mismo juego de los amantes que se lanzan besos como plumas por el aire, en la distancia, y reprimen sus deseos infinitos y sus pensamientos, postergándolos para la noche, quizás para la madrugada, para después, el comediante juego del deseo.

El nuestro, Walkir, es el juego intenso del amor insatisfecho, supongo que son la franqueza y la desnudez de nuestras almas las que hablan una vez que hemos liberado nuestros cuerpos, porque soy capaz de posarte un beso llano en la boca, o en la frente, o en el pecho, después de poseernos. Por eso creo que te amo, aunque nunca sea suficiente.

El efecto de las ondas del Duero ha pasado. Ahora, luce más tranquilo. También la sensación de náusea en el estómago y en la garganta se ha ido. El río se ve como una foca dormida. Ronca. La brisa toca su lecho, lo acaricia, peina su melena, mientras él duerme placenteramente. ¿No te provoca, Katina, Karitina, cualquiera que sea tu nombre, arrojarte a sus aguas y dejarte llevar a ninguna parte, sin abrir los ojos? A veces me pregunto cosas que no son las de una niña de diecinueve. ¿Cuál niña? Ari: eres una mujer diez años más vieja.

UN DÍA CUALQUIERA

Día quince

El tallo de la rosa se consuma en mi boca. He sentido el alivio de quien salda una vieja deuda. No he querido apretar los labios porque subsiste mi duda de acudir a la cita con Walkir.

¿Walkir es pasado o presente... o es futuro, Walkir?

Solo sé que un manantial se diluye cuando pienso en él.

¿Qué sentido tiene revolcarnos entre el zumo de las uvas en la era de la antigua cava donde ya ni el vino se procesa con los pies de los hombres? Un día nos vamos a cansar.

Solo la alegría de saber que lo hacemos a escondidas, cada vez que la complicidad de Karla, la empleada de las cavas de la Casa Graham's, está de nuestro lado, me incita a aguardar la hora.

Llueve.

Llueve sobre la pileta.

Llueve sobre la pileta del patio.

Llueve sobre la pileta del patio del albergue.

Y la lluvia golpea mi espalda y moja deliciosamente mi cabeza.

Cae la lluvia delante de mí y hace anillos en el agua, ondas que no dicen nada de mí, agujas que vienen del cielo y se clavan en el agua. No dicen a dónde van ni qué quieren. Simplemente, caen.

Sin duda me he parado aquí para ver cómo pasa el tiempo.

Mi rostro está dilatado en el agua del estanque como en el viejo espejo redondo, en forma de huevo, que había en el recibidor de mi casa en Calamar, salpicado de cagadas de mosca. Yo saltaba para alcanzar a verme, así fuera solo por un instante. Mi madre preguntaba: "¿Qué son esos brincos?". "Nada, nada", respondía yo, con la respiración agitada y contenida, y volvía a saltar, la imagen de mi padre puesta en el espejo, cubierto de espuma de afeitar y la rasuradora en la mano, en franela y calzoncillos, antes de ir a la misa los domingos. Una silla puesta enfrente del espejo, pero algo retirada, desde el comedor, me permitía ver mi busto, mis pechos como dos mellizos que crecen, y mi cara difusa, lejana, pero entera, después de que mi padre se había retirado a ducharse, y mientras el agua caía, ignorando que yo había estado detrás de él, todo el tiempo.

Ahora, mi semblante se refleja en el agua, con el espejo a mis pies, pero aún sin reconocerme, mi cabeza en medio de las nubes y el agua estancada pero inquieta, llena de arrugas alentadas por la lluvia. Mi cara está destrozada en mil pedazos, como si el espejo se hubiera roto. Mi apariencia, pálida, mecida por el agua.

Todas las niñas del albergue me llaman la Adivina. Dicen que me instalo frente a la pileta a recibir secretos del agua, "Fuentecilla consejera que no corres ligera…", ellas mismas han inventado para mí las palabras mágicas. Todo esto lo dicen porque me quieren. Yo procuro que el tiempo en esta fonda de niñas transcurra más liviano, y ellas se encargan de que así sea. "Karitina, ¿qué comes que adivinas?". Lo dicen porque yo invento juegos para ellas, así ellas hayan transformado mi nombre para la risa, para la broma, para hacer más fáciles la rima, el juego, el ocio.

Comienzo por solicitar "una voluntaria" que haga el favor de retirarse del grupo, mientras les explico a las demás niñas en qué consiste el juego. Chisss, chisss. Que ella no oiga lo que les voy a decir. Todas juntamos la cabeza y, tomadas de la cintura, escuchan mi voz cuando dice: Este es el juego del "gran pachá". Ponemos una silla que será el trono. Tú, María, recógete el cabello con una pinza, o con esta cinta. Tómala. Muy bien, muy bien. Tú, Melisa, trae una sábana de nuestra habitación. Corriendo, niña, corriendo, y cuidado te van a sorprender las aseadoras. Tú, Maritza, descuelga el espejo del baño, y tráelo. Rápido, rápido. Eso es. María, ¿ya tienes el cabello recogido? Muy bien. Ponte la sábana como si fuera una túnica y siéntate en la silla. Pronto, niña, pronto. ¿Ya llegó el espejo? Gracias. Toma el espejo, Gran Pachá de Persia, y ocúltalo bajo tu túnica. Levanta tu cara imperial. Más imponente. Algo risueña, pero sin perder el juicio. Así está bien, muy bien. Ahora, díganle a Marta que venga. Marta, vas a tener el honor de hablarle al Gran Pachá de Persia. Y no solo de hablarle sino de pedirle un deseo, no cualquier deseo. Le pedirás que te muestre el animal más feo del universo entero. Se lo pedirás por tres veces, con mucho respeto: "Quiero, oh Gran Pachá de Persia, que me hagas conocer al animal más feo del mundo". Eso le dirás. ¿Estás asustada? No, niña, solo verás al animal más horrendo de la Tierra. Eso es todo. Repite: ¡Oh, Gran Pachá… (Oh Gran Pachá) del reino de Persia… (del reino de Persia) quiero que me hagas conocer… (quiero que me hagas conocer) al animal… (al animal) más feo… (más feo)… del universo (del universo). Muy bien, y él te lo enseñará. Eso es todo. Adelante, distinguida dama, invitada del Gran Pachá de Persia. Marta se acerca hasta el trono. Inclina su cuerpo. Todas las demás, que somos la corte, observamos haciendo calle de honor. Marta espera que el soberano le dé la orden de terminar con la reverencia. Marta ha dicho: "Quiero, oh Gran Pachá, Gran Pachá, que me hagas conocer al animal más feo del mundo". Lo ha dicho tres veces, y ha levantado su cabeza. El Gran Pachá de Persia responde: "Con gusto he de complacerte. Híncate ante mí, y mira lo que oculto bajo mi manto". El Pachá descubre el gran espejo que ocultaba bajo sus vestiduras, y la peticionaria ve en el cristal su propia figura. Todas reímos, menos Marta. María luce nerviosa envuelta entre sus sábanas. Menos Marta, que se ha enojado por la broma, y que adquiere el compromiso de no contárselo a nadie porque teme desnudar su inocencia, hacer dos veces el ridículo y porque, en el fondo de su corazón bueno, abriga la dulzona ilusión de que otra caerá.

–¡Karitina, eres una bruja divina! –me dicen las niñas del albergue.

Voy al aljibe, miro el resto de la tarde que se diluye en el agua. Observo cómo se borran las nubes, se despiden para saludar las estrellas, y veo a las estrellas brillar, columpiándose en el agua como se mece mi reflejo que ya es oscuro, que ya no es rostro sino noche, una noche estrellada.

–¿Sabían que las constelaciones tienen nombres? –les digo a las niñas para comenzar el juego de la noche.

–Sí

–¡Sí!

–Sí –responden ellas.

–Nombres de mujeres y de hombres, y de animales de ambos sexos –digo yo.

–Sí, sí.

–¿Jugamos a dar nombres?

Andrómeda, dice Marta. Acuario, dice María. Águila, dice Melisa. Carnero, Cochero, Boyero, dice Angélica. Jirafa, dice Verónica, Capricornio, Centauro, Camaleón, Paloma, Cuervo, Cisne, Dragón, Caballito, Hércules, Hidra hembra. Cidra macho, dice Aura. India, Orión, Pavo, Pegasus, Virgo, Taurus, Puppis, Lupus, Osa Mayor, dice otra. Osa Menor, gritan todas. Se ve que han estudiado los horóscopos.

–¡Bueno, niñas, ya que saben tanto de estrellas, voy a hacer una predicción inspirada por los astros! Necesito una voluntaria, alguien que soporte las emociones fuertes. Supongo que tú, Dalila. Ella acepta con cara de aquí estoy. ¿Para qué soy buena?, dice.

–Acompáñame al salón de clases.

Todas me siguen, ocupan las sillas como si fueran los discípulos y yo el maestro, y Dalila mi alumna predilecta.

–Dame el nombre del chico de tus sueños –le digo.

Trazo una raya inconclusa en el tablero y me preparo para escribir el nombre del muchacho de quien Dalila piensa enamorarse. Digo que es apenas un pensamiento, porque eleva los ojos al cielo, los tuerce y aún no se decide.

He dibujado la letra eme, grande y un tanto inclinada.

–Esta es la "M" de Marte –digo– mientras Dalila se decide–. Y esta otra, la "S" de Saturno, también nombre propio, que escribiremos, por aquí, al otro lado de Marte.

La "S" ha quedado gravitando, con los ojos clavados sobre la tierra, contemplándola desde arriba.

–Dibujaremos tres constelaciones pero, para no entrar en discusiones de nombres, vamos a bautizarlas a todas con la letra "E". Una adelante, abajo de la "M", relativamente cerca, las otras dos constelaciones, por aquí, más abajo, como si tuvieran los pies sobre la tierra, y boca arriba, mirando al cielo.

–¡Arnaldo! –exclama por fin Dalila.

Arnaldo ha quedado encerrado entre la "M" de Marte, la "S" de Saturno y la "E" de las constelaciones.

–¡Muy bien! Se trata de letras que flotan, que son planetas que giran, constelaciones que brillan. El nombre de Arnaldo gravita las estrellas, justo en el centro.

Todas las niñas me siguen con atención, incluso Dalila.

–¡Ah, y nos falta la Luna! Vamos a dejarla, por aquí. Y la pongo debajo de la "M" inclinada, como un punto perdido en el cosmos, como si nada tuviera que ver con mi dibujo, en realidad una Luna pequeña, un ojo entre la "E" y la "M".

Luego hago la invocación:

–¡Dominadores del universo, reveladme quién es, cómo piensa y qué debe hacer en asuntos de amor, la persona cuyo nombre está inscrito en medio de los astros!

Percibo entonces el silencio abrumador de todas ellas, incluida Dalila. Y luego digo:

–¡Chisss, chisss! Ya empiezo a escuchar las voces del más allá que me dicen: si quieres saber lo que es la persona de quien nos hablas, no tienes más que unir todas las iniciales de nuestros nombres, Mercurio, Saturno y las tres constelaciones.

Procedo, con una mano como vendaje de mis ojos y con la otra, suelta y calculadora, al trazo de las líneas que habrán de darme el dibujo final. Al unir las letras, Arnaldo ha quedado encerrado junto a la Luna.

Ante mi vista, y la faz del universo del salón de clases, en el tablero, aparece un hermoso puerco, que se ha valido de la "M" inclinada para tener orejas, de la "E" del frente para tener hocico, de las gemelas acostadas que miran al cielo para tener patas y de la "S" que gravita mirando la Tierra, lejana y solitaria en el otro extremo, para usarla como cola, cual auténtico marrano satisfecho al deglutir el nombre de Arnaldo sin inmutarse, sin siquiera parpadear. El diminuto círculo de la Luna, convertida en el ojo del cerdo, permanece abierto, otorgándole un aire de descaro al animal.

Abro los ojos en medio de las risotadas de todas, menos de Dalila.

He reído para matar mi apariencia. En el fondo habita una niña tonta y melancólica.

He vuelto a mirarme en el agua, mi rostro estático, mis pupilas refundidas. Mi cara sigue siendo, para mí, un gran interrogante, un perplejo signo de admiración como el que trazo con mi lápiz rojo en mis cuadernos de clases.

Odio las matemáticas; en cambio, adoro las palabras. Me hieren como lanzas, pero disfruto de ellas, como la somnolencia que produce una herida profunda. Las palabras son una deliciosa roncha que nos come y nos marca cuando más las molestamos. Sé que no resuelven mis dudas, las palabras, pero las comprenden. Yo suelo acariciarlas con la punta de mi lápiz negro. Me gusta que se acabe mi lápiz negro porque entonces son mis manos las que alcanzan las palabras. Entonces, sigo escribiendo con la yema de mis dedos en el aire, como hablando a solas con mis manos. Retengo esas palabras y luego las escribo de verdad en un papel blanco con mi lápiz negro y nuevo, mientras simulo, para mí misma, que hago pipí en el baño. Luego, orino de veras, tranquila, aliviada, como si hubiera desocupado mis riñones cuando el placer apenas aparece. Cuando siento que ya he expulsado las palabras, trato de no hacer ruido con mi chorro, con mis pies, con mi nariz o con mi boca, para que las demás niñas del albergue no reparen en el tiempo que he gastado "orinando".

En la noche, una vez que se han apagado las luces del albergue de niñas y tan pronto el primer rayo de luna entra por la ventana y se proyecta en las paredes y en el techo, cierro los ojos y trato de dormir, pero repican en mi cabeza los sonidos de los juegos, de los números, de las palmas de las manos que chocan unas con otras, al tiempo que contamos 1, 2, pum, 4, 5, pum, 7, 8, pum, atentas a ver quién se equivoca para ponerle una penitencia, que cante, que declame, que se pare en la cabeza con la jardinera del uniforme aún puesta para que todas le veamos las bragas como si no fuera suficiente vernos la cara, o desnudas en las duchas y luego cubiertos nuestros cuerpos con unas toallas blancas pero percudidas, con las iniciales del Instituto, Icbf, a punto de borrarse, las recién bañadas en una esquina en espera de las otras, tiritan de frío, a las cinco de la mañana, todavía a oscuras, pero ya en otro día, aparentemente un nuevo día.

En la mesa del comedor jugamos con nuestros dedos.

–Ja, ja, ja, ja...

–Je, je, je, je...

–Ji, ji, ji, ji...

–¿Cuál es el chiste, niñas? Dejen esos juegos. ¡Hasta obscenos deben ser esos juegos!

–¿Qué dijo la directora? –preguntábamos, todas, moviendo la nariz como conejos al comer yerba. Nos respondíamos frunciendo los hombros, y continuamos.

–Je, je, je...

–Ja, ja, ja...

–¡Basta ya! Dejen esa risa –dice todavía más enojada la directora. Y nosotras:

–Je,

–Ja,

–Ji...

Ahogamos la risa para evitar que ella entre en trance. Si se altera le aparecerán unas manchas rojas en la cara, especialmente en las mejillas, como si se hubiera contagiado de rubéola, y esgrime su famosa frase, golpeando sobre la mesa del comedor una férula tan flexible como el eco de su garganta:

–¡Esto, ni la paciencia de Job! –lo cual provoca una avalancha de risas entre nosotras, que no sabemos quién es Job ni qué cosa es la obscenidad.

El día, un domingo, por ejemplo, es la visión de la ciudad en niebla, la niebla que desciende de las montañas, que se posa en medio de los edificios, incluso impregnándolos; las cúpulas de los templos son cebollas cabezonas con agujas gigantes que tienen la punta hacia arriba –la espada del rey blandida en la cima– y desafían a Dios, como el bonete de un cura con los picos coronados por una borla. Esas cabezas gordas se destacan entre las azoteas y las crestas de los edificios y me producen la sensación de estar habitando en la ciudad sin conocerla. Desde el patio donde está la fuente de agua, veo los cerros y, sobre ellos, recostado, un pequeño tren que escala, o mejor, dos pequeños vagones de color rojo, uno que sube y el otro que baja, se encuentran, se cruzan y se separan en la mitad del monte, y por el aire otras dos góndolas que se deslizan en sentido contrario colgadas de una cuerda. Pienso en los lugares en que he estado: el parque donde había lluvia de hojas caídas de los árboles, el hospital donde los soldados jugaban a la guerra, la torre de colores, las calles recorridas. Estoy en un lugar cualquiera, un punto invisible de una ciudad que no conozco, sumergida en ella pero al tiempo distante, ella opulenta y yo con hambre y sed de sus calles, de sus gentes, con ansias de poseerla cuando es ella quien me puede estar devorando, como a Amadís, el cachorro tierno del hospital, se lo tragó el lobo moscovita del circo que estuvo de paso. No puedo luchar contra ella, o por ella, no puedo hacer nada por mí, porque estoy atrapada, esperando no sé qué, no sé a quién. No sé cuál es mi verdadero nombre, si es que los nombres son verdaderos, si me llamo Katina, Karitina o Adivina. Cuando nos llevan de paseo a todas las del albergue, un recorrido corto y vigilado como a locas de manicomio, me invade la sospecha de haber estado antes en esos lugares. Los lugares y las cosas que no hemos conocido son otra forma de ausencia: la plaza de Bolívar, la avenida de la Circunvalación, los espejos del río San Francisco, rumbo a los cerros, la Biblioteca Nacional, el parque El Salitre o el pequeño parque de las hojas que rastrillan el piso (y que ignoro dónde queda), persiguiendo a un perro callejero que mueve su rabo y su cola como una mujer de carnudos perniles cuando va entrando en la puerta del aparcadero, y las hojas todavía lo siguen. Advierto que es una perra, por sus tetas que se escurren debajo de su vientre, muy pesado.

Es curioso: apenas ahora reparo en que era una perra, no un perro, tantos días después, por el agobio de su vientre.

"¡Suélteme!" "Tan flaquita la niña. Parece de mentiras". "¡Suélteme, viejo pendejo!" "¡Qué niña más linda!" "¿Te hizo daño, mamita?" "No. Nada". Milagrosamente, salí viva de las garras de ese loco que me atacó cuando íbamos en formación y me sacó de la fila tomándome del brazo. ¿Por qué tenía que ser a mí?, ¿por qué no pudo ser a otra? No me mires así, Valentina. ¿No ves que todavía siento rabia? No me gustaría morir estrangulada por un deschavetado como ese, loco furibundo con sus manos puercas sobre mi pescuezo. ¡Uf!, ¡qué asco!, ¡engendro sucio y repugnante! Estoy temblando, pero no es cobardía. Eso tampoco, porque cobarde no soy. ¿Oiste, Valentina?

Lo que hacíamos en la mesa del comedor, en el albergue, a la hora de la cena, no era nada diferente a jugar con nuestras manos a los seres deformes, a los monstruos. Nos pintábamos los dedos, especialmente el anular y el corazón, con figuras de hombres de piernas elongadas, inmensamente largas, en las que nuestras uñas eran sus pies y nuestras falanges, sus rodillas. Algunas lograban una suerte de enanos sin cuello o gigantes sin tórax; otras conseguían simpáticos payasos. Yo, un centinela con su traje real y su fusil al hombro, firme, como los guardias suizos a los que he visto a la entrada del Vaticano en Roma, o una especie de gendarme en el portón de un castillo medieval en Francia. Las doncellas japonesas las hallábamos juntando los dos dedos para facilitar el paso corto y apurado hacia delante o hacia atrás cuando la dama era requerida o se retiraba de la presencia del emperador, y los hombres rengos los hacíamos con el anular y el índice, de tal manera que al correr pudieran renguear, con lo que sacábamos más provecho a la hora de reírnos.

El recorrido de mis dedos sobre la mesa del comedor, cuarenta y ocho horas antes de abandonar el albergue, es mi último recuerdo. Luego, solo dos rostros, el de un hombre, de cincuenta, y una mujer, de cuarenta y cinco, más o menos, amables, casi zalameros, casi suplicantes, que se me están borrando de tanto verlos, envejeciendo a mi lado, mientras yo crezco para suplir su capricho de padres insatisfechos y el mío de huérfana malcriada y con suerte, los tres envueltos en la melancolía de nuestros mundos, de su patria donde no transcurre nada más que el tiempo, y de la mía donde ocurre de todo. Hoy somos casi una caricatura. Ella atiende un hogar de niños abandonados por la guerra, y él, sus negocios de todos los días desde el instante en que lee el periódico en las mañanas al lado de una taza de café, que todavía hierve. A veces siento deseos incontenibles de decirle que nos pintemos los dedos y juguemos a caminar como caminan las mujeres japonesas o los cojos o los enanos, pero me da pena interrumpirlo en la religiosidad de su lectura. Solo observo que, al descubrir la cara, su mostacho de caballero portugués, retorcido en las puntas y el encantador gesto de sus labios hacia un lado, consiguen la gracia del indulto no solicitado.

Estoy volando sobre nubes que parecen algodones, sobre mis recuerdos de antiguas figuras de viejos en el cielo, sobre los animales salvajes y las caras barbudas, sobre los repugnantes cuerpos de los enanos a quienes yo veía en el techo del hospital y en mis noches grises en el firmamento de Calamar, antes de la noche azul. Alguna vez oí decir que las nubes son grises, pero es mentira: son blancas, muy blancas, y no tienen las formas que yo imaginaba. Nada se parece a esos rostros que yo divisaba desde abajo, con el cuello y los ojos torcidos y los pies sobre la tierra.

He dormido, como un ángel, durante algunas horas de vuelo. He llorado, sin lágrimas, no sé si de alegría o de tristeza. Siento algo muy dentro de mí.

La noche me persigue. Estoy aferrada a Valentina. Tal vez ella también ha dormido. Es difícil saberlo, porque ella duerme con los párpados abiertos. Tiene los ojos como las muñecas japonesas. Como quiera que haya sido, sé que ha estado vigilándome. Gracias Valentina.

El día para mí está negado. Me he desperezado por completo. Los ojos redondos y negros de mi nuevo padre y su mostacho juguetón me han hablado con complacencia, mientras las manos suaves y morenas de ella han acariciado mi cabello y el de Valentina. Es mi nueva madre. Me interroga: Aritina, ¿tienes hambre? No. ¿Tienes sueño? No. ¿Estás cansada? No. Todo lo contesto moviendo la cabeza. He comprendido el resultado de mi nuevo nombre, sin preguntar por qué. Es de noche, pero abajo se insinúa un esplendoroso espectáculo de luces. Es tu nueva ciudad, tu casa, dice ella. Será mi ciudad refugio, he dicho para mí. Es Oporto, dice él. Está oscuro. No hay luz entre la ciudad y nosotros. Han encendido las luces internas del avión.

–Señoras y señores, hemos iniciado el descenso… –dice una voz. Las luces de Oporto se aproximan de nuevo. Vienen en mi búsqueda y yo voy hacia ellas.

–Temperatura promedio: cero grados.

Los viajeros preparan las maletas.

Día dieciséis

No puedo abrir los ojos, pero escucho voces que dicen: "Niña tonta", "¿cuál niña?, era una mujer hecha y derecha". Mi sangre está caliente. Una visión de turbiedad recorre mis venas, que parecen cables eléctricos que echan chispas, como estrellitas en el agua. Tengo mucho sueño. Me siento inflada, como una pelota a punto de estallar, como si me hubiera tragado el Duero entero. ¿Cuál de todas estas formas es la muerte?, ¿o es esta vida la muerte? Oigo los automóviles correr, veo sus luces, mil escorpiones deambulan por mis brazos y piernas, se pasean por mi cara, yo no puedo abrir los ojos, pero puedo verlos. No me inmuto. Será porque no me hacen daño. Uno de ellos se desliza por mi vientre, se posa en la mitad de mi cuerpo, en busca de mis entrañas. Recuerdo que tengo entrañas. Pienso en Walkir. Exhalo su nombre. Una voz lejana anuncia que habrá lluvia de estrellas. Los alambres eléctricos tensan mi cuerpo, el escorpión punza mi vientre y chorrea su veneno. Me estremezco. Anguilas excitadas buscan la presa, atraídas por el estremecimiento. Son anillos de colores que se mueven en el agua, centellean, buscan, encuentran, muerden. ¡Cómo duele! Una última descarga agota mis restos… El agua turbia… la sangre tibia… el horno… la ladrillera. El sueño. El viento. Y el viento frío cruza desafiando mi azotea.

El día 16 florece en una carretilla oxidada de la azotea de donde he arrancado la rosa impregnada de tierra húmeda.

El día 16 parece viejo, como si el tiempo se hubiera posado ahí, sin anunciar. Parece viejo. El día 16 acaba de retoñar con el simple milagro de una mirada nueva. Y sin embargo la vida es mustia. Es mi vida.

El día 16 no es en realidad el día dieciséis. Es decir, es el día dieciséis para mi vida, pero no para la lógica y absurda cronología del tiempo.

El día 16 comienza cuando termina la noche azul: luminosa y prolongada, la noche de los bombardeos, ajena y melancólica, quejumbrosa, de rayos y centellas. Noche pesada, hoy, pero en ese momento espléndida en mi mente de niña, la noche que se llevó a mis padres, la noche cuando los ojos claros de la abuela quedaron grises para siempre, abiertos eternamente, como si buscaran una cosa que se les había refundido hace tanto tiempo, como si nunca fueran a cerrarse, la noche cuando los ejércitos trajeron la guerra hasta el solar, en forma de saetas de colores. Los muchachos de uniforme camuflado, a quienes yo creía del ejército oficial no habían vuelto por la casa, es cierto. Mi padre no había vuelto a hablar de las tropas de la rebelión, del ejército del pueblo, El glorioso E.P., como solía decir él. Tampoco mi madre había vuelto a regañarlo por decir "esas cosas". "Esta guerra la perdemos todos, hombre. No seas iluso. Y no digas esas cosas", decía. Déjalo, se quejaba la abuela, porque "en todas las plazas habrá llanto y en todas las calles dirán: ¡Ay! ¡Ay! Y al campesino llamarán a lloro y a lamento al que sepa lamentar". Y, aun agregaba: "Nosotras no sabemos de guerras. Hemos estado demasiado tiempo en casa. Todo el tiempo".

Pero, hasta la abuela había dejado de ser la jueza. Solo leía, leía las Sagradas Escrituras.

Así había llegado a posarse la noche azul en el patio y en el zaguán de nuestra casa. Y nunca se fue. No quiso irse de mi vida hasta muchos días después, incluso más de quince. Luego, las luces de la carretera; después, la ciudad, Bogotá, mi primera ciudad, ciudad de mis entrañas, la de la torre de colores, la del hospital, la que se llevó a Amadís y a la abuela, la del albergue, la de Karitina. París, Marsella, Verona, Venecia, Florencia, Roma. Otra vez Verona, Berna, Brujas, Somacampagna, Madrid, Barcelona vinieron después, y por último, esta Oporto, mi ciudad refugio, la de mis segundos padres, la de mi Walkir Moreira, la de Ari, la ciudad de Aritina do Santos, la de este delicioso abismo. Cuánto se ha prolongado aquella noche azul del Calamar de la pequeña Katina.

Este es el día dieciséis. Desde el día quince no había vuelto a escribir.

Es un día que juntó todos los demás días, una página prolongada y sostenida hasta el último aliento, hasta el vértigo, hasta donde culmina el "alto" de mi vida, donde se acaba el tallo y comienza la rosa, hasta el filo de mi navaja, clavada en la superficie del pupitre de madera donde estuvieron ocultos los nombres de un hombre y una mujer que aún deben estar amándose, hasta cuando haya salvado todas las espinas, hasta cuando haya decidido si atravieso mis

labios secos, resecos y mi boca sedienta, babosa, con esas espinas, o bastará con cortar la rosa por el tallo.

He cortado la rosa por el tallo, pero la flor no cae con ímpetu al vacío. Por el viento, sus pétalos comienzan a destrozarse y vuelan en distintas direcciones como candelillas en la sombra de la noche, como plumas blancas. Miro el precipicio. Inclino mi cuerpo hacia adelante. La silla está levantada con sus patas traseras en el aire. Insinúa que sobra el resto de la azotea. Tengo la boca ensangrentada. Mis labios han dejado una senda de puntos rojos, unas veces muy rojos sobre el piso, otras débilmente rojos, rosados, borrosos, como si alguien me siguiera. Es el rastro de mis propios pasos en algunos tramos, de gotas gruesas y coágulos violeta, muy cárdenos, casi negros. En otros tramos, alcanzo la escalera rumbo al elevador. En esta burbuja de cristal ahora hablan un niño y su padre, hablan de ir al parque, y dos hombres hablan de negocios, y dos mujeres de perfumes, en voz baja. Creo que esto ya no lo escribo: lo pienso, simplemente. Lo veo. Voy buscando las bodegas, a orillas del Duero. Voy a ocultarme entre las cavas, donde el

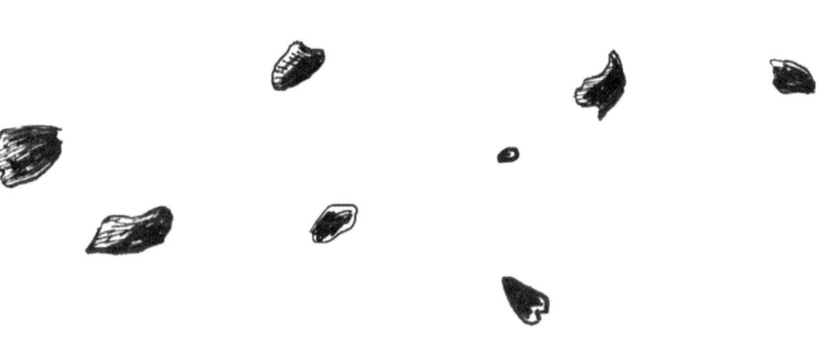

suelo es más que oscuro, a destapar el hueco del tonel del que siempre bebo para embriagarme de vino, y a esperar a Walkir, que debe venir a aprisionar mi cuerpo contra los demás toneles e incrustar su juventud entre mis piernas cuando los dueños de la Casa Graham's se hayan ido y nuestra dulce encubridora, la mujer encargada de las llaves, haya cerrado. Es el ruido del manojo de sus dedos lo que marca el inicio de nuestra lujuria.

Algo extraño ocurre esta noche. Estoy atada a la silla del pupitre de clases al borde de la azotea. El Duero está abajo, después de la calle.

Voy a dejar que mi sangre descienda desde la azotea y llegue hasta el piso, lenta, caprichosa, apelmazada y que corra suavemente hasta tocar la puerta de la Casa Graham's, y traspase el salón donde los estudiantes toman vino aún con sus capas negras puestas después de las clases. Ahí deben estar sentados Nuno y Nina, los mismos que han dejado inscrito su nombre en medio de flechas y corazones en la cubierta de este pupitre donde estoy sentada, y que el rojo de mis glóbulos roce sus zapatos sin mancharlos, y baje las cinco gradas de la escalera que conduce a las bodegas donde están los toneles y el vino generoso que se añeja en botella, y, en la más absoluta oscuridad, se confunda con el opalino que es la sangre de las uvas molidas con los pies de los hombres en el redondel donde Walkir y yo hacemos el amor.

Mi sangre, como los hilos de lluvia, está en el cielo raso del hospital.

Arrojaré una buena bocanada como un pozo de agua turbia salida de muy adentro de mis labios, para que Walkir venga, antes de salir a la cita.

¡Cómo ha cambiado mi nombre! Katina, Karitina, Aritina. Qué importa ya cómo me llamen.

Cuando reconozcas mi sangre, Walkir, y grites: ¡Ari!, tal vez me habré ido a caminar entre la multitud, ras, ras, ras/ras, ras, ras… por las calles donde desfilan los vivos, ras, ras, ras/… y todos hablarán de la muchacha de los labios sangrantes y la rosa en la boca.

"¡La sangre de Ari!"

He cortado las venas de mi mano izquierda, para permitirle a Walkir que llegue. Vendrá. Cuando el hilo rojo, casi púrpura, haya cruzado su ventana, vendrá. Llegará, estoy segura, siguiendo el rastro de mi sangre, como un gato que recoge un ovillo de lana.

Hernán Estupiñán

Periodista y escritor colombiano, ha ganado
tres veces el Premio Nacional de Periodismo
Simón Bolívar y ha recibido dos premios
internacionales de novela, uno en España
por "El Nuevo Reino" y otro en Colombia
por "Tolstói o el arrepentimiento". También
es autor de "El fantasma de la desnudez"
(Magisterio).